AF461242

TABLE
DES EDITS, DECLARATIONS, ARRESTS ET REGLEMENS
CONCERNANT
LES FERMES ROYALES-UNIES;

Rendus pendant la Sixiéme année du Bail de JACQUES FORCEVILLE.

Commencée le premier Octobre 1743, & finie le dernier Septembre 1744.

Tome XI.

A PARIS,
Chez PRAULT pere, Imprimeur des Fermes & Droits du Roy; Quai de Gêvres, au Paradis.

M. DCC. XLIX.

TABLE

DES

EDITS, DECLARATIONS,

ARRESTS ET REGLEMENS,

RENDUS pendant la sixiéme année du Bail de Me. JACQUES FORCEVILLE.

Commencée le premier Octobre 1743, & finie le dernier Septembre 1744.

CONCERNANT les Cinq Grosses Fermes, Domaines d'Occident, Tabac, Commerce & Manufactures.

Du premier Octobre 1743.

*  RDONNANCE du Roi, pour renouveller les défenses ci-devant faites à tous Gens de Guerre de faire ni favoriser le Commerce du faux Sel, du faux Tabac & des Marchandises de Contrebande. *Contenant trente-sept Articles.*

Du premier Octobre 1743.

Arrest contradictoire du Conseil, qui déboute les Négocians

du Havre & les Syndics de la Chambre du Commerce pour la Province de Normandie, de leur demande, fins & conclusions, tendantes à ce que les Vins & Eaux-de-vie venus de Bordeaux au Havre, & destinés pour le Commerce des Isles & Colonies Françoises de l'Amérique, fussent exempts des Droits de Courtiers-Jaugeurs, & ordonne l'exécution des Edits, Déclarations & Lettres Patentes des mois d'Avril 1696, 23 Octobre 1708, Avril 1717 & 15 Mai 1722, concernant lesdits Droits & le Commerce des Isles, ensemble des contraintes décernées par le Fermier des Aydes de la Généralité de Rouen pour le payement desdits Droits.

Du premier Octobre 1743.

Arrest du Conseil, qui commet M. l'Intendant du Haynault pour instruire & juger le Procès au nommé Rubin, Brigadier, & à deux autres Employés de la Brigade de Sibourg, pour raison des voyes de fait par eux exercées contre le nommé Pierre Nisolle, Habitant du Village de Pommereüil.

Du premier Octobre 1743.

Arrest du Conseil, qui déboute les nommés Philippe Bar & Etienne le Brun, Habitans de Charleville, de leur opposition à deux Ordonnances de M. l'Intendant de Champagne du 10 Février 1742, par lesquelles, en prononçant la confiscation de treize aunes d'Indienne saisies au domicile de Bar, & de dix-neuf aunes chez le Brun, ils ont été condamnés chacun en cent livres d'amende.

Du premier Octobre 1743.

* Jugement de la Commission du Conseil établie à Valence, qui condamne Denis Vigoureux, Cabaretier au lieu d'Orchamp en Franche-Comté, en mille livres d'amende & aux dépens, pour avoir donné retraite, & fourni des vivres aux Contrebandiers, & des fourages pour leurs chevaux.

Du 8 Octobre 1743.

Arrest du Conseil, qui continue la perception, au profit du Corps des Marchands Bonnetiers de la Ville & Fauxbourgs de Paris, d'un Droit de quatre sols par douzaine de paires de Bas & autres Ouvrages de Bonneterie, tant de laine, que de fil & coton, entrant dans Paris; établit deux sols par paire de Bas de soye, & rétablit un Droit de cinquante livres sur chaque Métier neuf à faire des Bas, dont la perception avoit été ordonnée par Déclaration du 18 Février 1720, & suspendue à compter du premier Janvier 1740, pour être le produit desdits Droits employé au payement des dettes du Corps de la Bonneterie.

Du 8 Octobre 1743.

Arrest du Conseil, qui déboute le nommé Pierre Habert, Marchand Mercier, rue de la Draperie à Paris, de son appel de deux Ordonnances de M. de Marville, Lieutenant Général de Police, des 22 Juin & 13 Juillet 1743, par lesquelles, en prononçant la confiscation de plusieurs piéces & demies piéces de Moires d'Angleterre & d'Italie, & de cent quatre-vingt-une Redingotes de Drap d'Angleterre saisies chez lui le 6 Mai précédent, il a été condamné en six mille livres d'amende, exclut du Corps des Marchands, déchu de sa Maîtrise & déclaré incapable de faire aucun Commerce; ordonne l'exécution desdites Ordonnances, & par grace, modere a trois mille livres l'amende de six mille livres, à laquelle il a été condamné par lesdites Ordonnances.

Du 8 Octobre 1743.

Arrest du Conseil, pour faire remettre à la Caisse des Fermes Générales à Paris, par M. Barillon, chargé de la Recette générale du Droit de demi pour cent sur les Marchandises venant des Isles & Colonies Françoises de l'Amérique, la somme de quatre-vingt mille quatre-vingt-dix-huit livres un sol dix deniers avancée par MM. les Fermiers Généraux pendant la cinquiéme année de leur Bail, pour l'utilité des Manufactures & Commerce, laquelle somme sera passée & allouée dans son Compte du produit dudit Droit de demi pour cent de l'année 1741.

Du 13 Octobre 1743.

* Déclaration du Roi, qui continue pendant les six années du Bail des Fermes Générales Unies, sous le nom de Thibault Laruë, la levée & perception du doublement des Droits du Domaine, Barrage & Poids le Roi de Paris, du Droit d'augmentation ou rehaussement du Sel qui se consomme & distribue en Franche-Comté, des Droits de Courtiers-Jaugeurs, de ceux d'Inspecteurs aux Boucheries & aux Boissons, des Droits manuels sur le Sel, de ceux réservés dans les Cours, Chancelleries, Présidiaux, Bailliages & autres Siéges & Jurisdictions, ensemble des deux & quatre sols pour livre de ceux des Droits des Fermes qui y sont sujets.

Registrée au Parlement, Chambre des Comptes & Cour des Aydes de Paris les 20 Décembre 1743, 14 & 30 Janvier 1744.

Au Parlement & à la Chambre des Comptes de Grenoble les 5 & 13 Mars 1744.

Au Parlement d'Aix le 23 Mars.

Au Parlement de Rouen le 17 Mars, & à la Chambre des Comptes & Aydes les 5 & 11 desdits mois & an 1744.

Au Parlement de Rennes le 26 desdits mois & an.

A celui de Toulouse le 18.

Au Parlement & à la Cour des Aydes de Bordeaux les 12 & 18 Mars.

Au Parlement de Pau les 18 & 26 dudit.

A celui de Dijon le 20 dudit & le 30 Avril.

A celui de Metz le 5 Mars.

A celui de Douay le 6 dudit.

A celui de Besançon le 3 dudit.

A la Cour des Comptes, Aydes & Finances de Dole le 5 dudit.

A celles de Montpellier le 21 dudit.

A la Cour des Aydes de Clermont-Ferrand le 18 dudit.

A celle de Montauban le 21 Avril.

Au Conseil Superieur de Colmar le

Et à celui de Perpignan le 6 Mars de la même année 1744.

Du 13 Octobre 1743.

ésultat du Conseil, portant Bail des Fermes Générales s, sous le nom de Thibault Larue, pour six années, à comcer du premier Octobre 1744, pour les Gabelles, Cinq ses Fermes, Aydes & Droits y joints; & du premier Jan-1745 pour les Domaines, Controlle des Actes, Insinua-, Centiéme Denier, Greffes, Amortissemens & Droits its, aux prix, charges, clauses & conditions y portées.

Des 13 & 15 Octobre 1743.

Arrest du Conseil & Lettres Patentes sur icelui du 22 Déore suivant, *registrées où besoin a été*, qui exemptent des ts de Sortie du Royaume, & autres Droits des Cinq ses Fermes, les Etoffes & Tapisseries des Manufactures oyaume seulement qui seront composées de pure laine, , poil, cotton, fil, & celles mêlées de ces différentes ma-, ou avec or & argent; les Ouvrages de Bonneterie, & 'oilles du crû du Royaume, qui seront envoyés directe- à l'Etranger, à commencer du premier Novembre 1743.

Du 15 Octobre 1743.

Arrest du Conseil, pour la prise de possession du Bail des nes Générales Unies, sous le nom de Thibault Larue, lant six années, à commencer du premier Octobre 1744, les grandes & petites Gabelles, Droits manuels sur les , Gabelles des Trois Evêchés, Domaines & Gabelles de che-Comté, & Droit de rehaussement sur le Sel dans la-Province, Cinq Grosses Fermes, Droits sur les Huilles avons, Aydes, Entrées de Paris, Impots & Billots, & nules de Bretagne, Marque d'Or & d'Argent, Marque Fers, Formules dans les Pays où les Aydes ont cours, naines, Barrages, & Poids le Roi aux Entrées de Paris, ge & Courtage, Courtiers-Jaugeurs, Inspecteurs aux Bouies & Boissons, Droits sur les Suifs à Paris, & pour la ne du Tabac; & au premier Janvier 1745, pour les Domaines de France, & Controlle des Exploits, Domaine Flandre, Haynault, Artois, Alsace, & Principauté d'Ora Controlle des Actes, Sceaux & Insinuations Laïques, Gre Amortissemens, Francs-Fiefs, Formules dans les Provi où les Aydes n'ont point cours, nouvelle Formule des taires de Paris, Droits réservés dans les Cours & Jurisdict du Royaume, Gages intermédiaires, Domaine d'Occider France, Droits casuels réunis au Domaine, & autres D compris au Bail dudit Larue, deux & quatre sols pour de ceux de tous lesdits Droits qui y sont sujets.

Permet audit Larue & à ses Sous-Fermiers de se servi Timbres actuellement en usage.

Dispense les Employés qui ont prêté serment pendan précédens Baux, & Sous-Fermes, de le prêter de nouv leur permet de verbaliser dans le Ressort des Jurisdiction ils pourront se trouver; défend aux Juges d'annuller Procès-verbaux, sous prétexte que leurs noms ne se tro roient point inscrits dans un Tableau déposé au Greffe de Jurisdiction.

Permet audit Larue, & à ses Sous-Fermiers, d'entre ou de resilier les Baux à loyer des Maisons & Greniers semble les Abonnemens, Traités & Marchés qui peuvent été ci-devant faits par les précédens Fermiers & Sous-miers, de partie desdites Fermes & Droits.

Régle les Droits d'enregistrement du présent Arrêt, & de reception & prestation de serment des Employés; & donne que les Réglemens rendus au profit des précédens miers, seront exécutés en faveur dudit Larue, & de ses S Fermiers, comme s'ils avoient été rendus sous leurs non

Du 15 Octobre 1743.

* Arrest du Conseil, qui continue pendant les six anné Bail de Thibault Larue, à commencer du premier Oct 1744, les abonnemens des Droits sur les Huilles & Sav dans les Provinces & Généralités y énoncées.

Du 15 Octobre 1743.

rreſt du Conſeil, par lequel, en acceptant les offres & le
ntement des Fermiers Généraux du Bail de Forceville,
ne que l'exemption de tous Droits de ſortie du Royau-
r toutes les Etoffes & Tapiſſeries, Ouvrages de Bonne-
& Toiles qui, ſuivant l'Arreſt du 13 des mêmes mois
, ne devoit avoir lieu qu'au premier Octobre 1744,
nencera au premier Novembre 1743.

Du 15 Octobre 1743.

reſt du Conſeil, qui remet à cinq ſols du cent peſant,
ormément au Tarif de 1671, le Droit de Sortie de cinq li-
auſſi du cent peſant, établi par l'Arreſt du 22 Novembre
, ſur l'Amidon qui paſſera de la Flandre à l'Etranger.

Du 15 Octobre 1743.

Jugement de la Commiſſion du Conſeil établie à Reims,
ondamne les nommés Pierre le Clerc, du Village d'Ecüeil
rtois, & Louis de Laitre, du Hameau de Loquin, Pa-
d'Alquine en Boulonnois, en trois années de Galeres;
e-Anne Leroy femme Ducroc, du Village de Selle en
bonnois, & Marguerite Houbron, dudit lieu d'Ecüeil, a
fuſtigées, & bannies pour trois ans; & Marie-Anne Du-
, dudit lieu de Selle, auſſi en trois années de banniſſe-
t, & en cinq cens livres d'amende chacun ſolidairement,
Contrebande en Tabac avec attroupement.

Du 16 Octobre 1743.

Déclaration du Roi, pour le recouvrement des Gages in-
édiaires, & du montant des Abonnemens des Droits de
rtiers-Jaugeurs, Inſpecteurs aux Boucheries & aux Boiſ-
, Huiles & Savons, & nouveaux Acquêts ou Uſages dûs

par les Communautés Laïques, du Bail de Thibaut La

Registrée en la Chambre des Comptes de Paris le 24 Oc 1744.

En celle de Rouen le 26 Septembre.

Au Parlement & Chambre des Comptes de Pau les 7 Septem & 12 Décembre.

A la Chambre des Comptes de Montpellier le 9 Septembre.

A celle de Dijon le 27 Novembre.

Au Parlement & Chambre des Comptes de Metz le 27 A

A la Chambre des Comptes de Grenoble le 19 Décembre.

A celle de Dole le 21 Août de la même année 1744.

A celle d'Aix le

Et à celle de Nantes le 30 Mars 1748.

Du 16 Octobre 1743.

* Déclaration du Roi, portant Réglement pour l'instruct des Affaires Criminelles dans les Jurisdictions des Electio Greniers, & Dépôts des Sels & des Traittes ou Cinq Gro Fermes. *Contenant cinq Articles.*

Registrée en la Cour des Aydes de Paris le 4 Décembre 17

Au Parlement de Grenoble le 20 Mars 1744.

A la Cour des Aydes de Provence le 27 dudit.

A celle de Rouen le 17 Avril suivant.

Au Parlement de Bretagne le 26 Mars.

A la Cour des Aydes de Bordeaux le 18 Avril.

Au Parlement de Pau le 13 dudit.

A celui de Dijon le 24 Mars.

A celui de Metz le 19 dudit.

A la Cour des Aydes de Dole le 16 dudit.

A celle de Montpellier le 28 dudit.

A celle de Clermont-Ferrand le 23 Mars.

A celle de Montauban le 20 Avril.

Et au Conseil Superieur de Perpignan le 24 Mars de la mê année 1744.

Du 16 Octobre 1743.

* Jugement de la Commission du Conseil établie à Rein

c

qui condamne le nommé Nicolas Forest, du lieu de Saint Jean aux Bois en Tierache, en neuf années de Galeres, & en mille livres d'amende, pour Contrebande en Tabac & Faux-Saunage en récidive.

Du 17 Octobre 1743.

* Jugement de la Commission du Conseil établie à Rheims, qui condamne le nommé Louis Guilbrot, dit Mayeux, Garde-Bois du Village de Querquem, Paroisse de Bouvelinghuen en Artois, aux Galeres perpétuelles, pour Contrebande en Tabac, port d'armes & rébellion résultans au Procès; & le nommé Jacques-Antoine Renier, Cabaretier du lieu de Boisdingheu aussi en Artois, en neuf années de Galeres, pour même Contrebande en Tabac avec attroupement, résultans aussi au Procès, & en mille livres d'amende, chacun solidairement.

Du 19 Octobre 1743.

* Jugement de la Commission du Conseil établie à Rheims, qui condamne le nommé Henry Pousard, Tisserand en Drap de la Ville de Sedan, à être fustigé, flétri, & en trois années de Galeres, pour avoir en deux différentes fois, dans le courant du mois de Juin 1742, mis du Faux-Tabac dans la maison d'un Particulier de Sedan, & d'avoir été avertir les Employés des Fermes, qui en firent la saisie.

Du 22 Octobre 1743.

Arrest du Conseil sur la Requeste de Jacques Forceville, Adjudicataire des Fermes Générales Unies, tendante à la cassation de celui du Parlement de Bretagne du 4 Juillet précédent, & de deux Sentences de la Jurisdiction des Traittes de Brest des 25 Avril & 2 Juillet 1742, & autres rendues en conséquence, pour avoir adjugé des indemnités, dommages, interests & dépens au nommé Jean Huivet, Capitaine du Navire le Neptune, entré dans la Rade de Kfaint Porsal, & y être resté deux jours sans faire déclaration des Marchandises contenues dans son Bord, & ce sous prétexte de retardement du départ de son Navire & du dépérissement des Marchandises dont il étoit chargé; ordonne la communication de la Requête du Fermier audit Huivet & Jourdain, Réclamateur des Marchandises, pour y fournir de réponse dans le délai du Réglement, toutes choses demeurant en état, & que M. le Procureur Général du Parlement de Bretagne envoyera au Conseil les motifs dudit Arrest du 4 Juillet 1743, pour le tout vû & examiné, être ordonné ce qu'il appartiendra.

Du 22 Octobre 1743.

Arrest du Conseil, qui casse une Sentence de la Jurisdiction des Traittes de Boulongne sur Mer du 27 Septembre 1741, pour avoir fait mainlevée au Sieur Charles Ballantyne & au Capitaine Oliphen d'une saisie faite sur eux par les Employés des Fermes de ladite Ville de Boulogne, le 17 Mars 1741, de deux mille soixante & dix-neuf livres de Thé entré en fraude, ensemble du Batteau appellé la Christine Richarde, sur lequel le Thé a été introduit, agrais & aparaux; confisque le tout, & condamne lesdits Ballantyne & Oliphen en deux cens cinquante livres d'amende au profit des Commis saisissans; ordonne par grace, que le Thé sera envoyé à Dunkerque pour y être vendu, & le prix en provenant remis ausdits Ballantyne & Oliphen, à la déduction des frais de saisie & procédures, qui seront retenus par le Fermier.

Du 29 Octobre 1743.

Arrest du Conseil, qui permet au Sieur François de Bigot de Clairebois d'établir à Roanne sur Loire une Manufacture de Verrerie, pour y fabriquer pendant vingt-cinq années des Bouteilles & autres Ouvrages vitrifiés avec du charbon de terre, & fixe à deux sols par douzaine les Droits d'Entrée desdites Bouteilles dans l'étendue des Cinq Grosses Fermes.

Du 29 Octobre 1743.

* Arrest du Conseil, portant que les Négocians & Arma-

teurs de la Ville de Marseille & autres, feront conduire au Bureau du Domaine d'Occident toutes les Marchandises provenans des Isles, & qui arriveront dans le Port de ladite Ville, pour y être vérifiées, pesées, & les Droits acquittés audit Bureau, à peine de confiscation & de trois cens livres d'amende, & qu'il ne pourra être embarqué aucunes Marchandises à la destination desdites Isles Françoises de l'Amérique sans avoir été conduites au même Bureau, pour y être visitées & les Droits acquittés, sous les mêmes peines.

Du 29 Octobre 1743.

Arrest du Conseil, portant établissement d'un cinquiéme Inspecteur Ambulant des Manufactures, aux Appointemens de trois mille six cens livres par an, qui seront imposés avec la Taille, sçavoir, dix-huit cens livres sur la Généralité d'Alençon, & autant sur la Généralité de Montauban, laquelle somme de trois mille six cens livres sera remise au Trésor Royal par les Receveurs Généraux des Finances, pour être employée, sur les ordres du Roi, au payement desdits Appointemens.

Du 29 Octobre 1743.

Arrest du Conseil, portant que la Requête de Jacques Forceville, Adjudicataire des Fermes Générales Unies, sera communiquée aux Habitans des Paroisses de Septmoncel & Montpillé en Franche Comté, & ordonne qu'ils justifieront des Titres en vertu desquels ils prétendent jouir de l'exemption des Droits des Cinq Grosses Fermes à l'Entrée & à la Sortie des Marchandises & Denrées qu'ils font passer de Franche-Comté dans la Baronie de Gex, & de la Baronie en Franche-Comté.

Du 29 Octobre 1743.

Arrest du Conseil, qui déboute Pierre Habert, Marchand Mercier à Paris, de sa demande, tendante à être reçu Appellant de deux Ordonnances de M. le Lieutenant de Police des 22 Juin & 13 Juillet 1743, qui ont prononcé la confiscation de vingt-deux piéces de Moires, de cent quatre-vingt-une Redingotes de Drap d'Angleterre & autres Marchandises de Contrebande saisies chez lui, & six mille livres d'amende, & ordonne l'exécution de l'Arrest du Conseil du 8 dudit mois, par lequel, en le déboutant dudit appel, l'amende prononcée contre lui a été modérée à trois mille livres.

Du premier Novembre 1743.

* Ordonnance du Roi, portant Réglement pour le payement des Troupes pendant l'Hyver suivant, *contenant neuf articles*, par le dernier desquels il est défendu aux Officiers Gardes du Corps, Gendarmes, Chevaux-Legers, Mousquetaires, Cavaliers, Carabiniers, Hussards, Dragons & Soldats, de prendre aucun Sel dans les Pays Etrangers, ou dans ceux de l'obéissance de Sa Majesté, où la Gabelle n'est point établie, ni de se charger d'aucun Tabac ou autres Marchandises prohibées pour les transporter, vendre ou débiter, en telle maniére que ce puisse être, & à quelque personne que ce soit, dans les Provinces du Royaume, à peine contre les Chefs & Commandans de répondre sur leurs payes & sur leurs biens, des dommages qui seroient faits aux Fermes Générales par ceux étans sous leur charge, & aux Gardes, Gendarmes, Cavaliers, Carabiniers, Hussards, Dragons & Soldats d'être punis suivant la rigueur des Ordonnances contre les Faux-Sauniers; défend pareillement à tous les Sujets du Roi, de quelque qualité & condition qu'ils soient, de commettre le Faux-Saunage, ni d'assister & favoriser, en quelque sorte que ce soit, les Gens de Guerre qui le commettront, sur les peines des Ordonnances.

Du 4 Novembre 1743.

* Départemens de Messieurs les Fermiers Généraux, pour le service des Fermes Générales Unies, pendant la sixiéme année du Bail de Jacques Forceville.

Du 5 Novembre 1743.

Arrest du Conseil, qui évoque une Instance pendante en la ur des Aydes d'Aix, entre les nommés Baud, Bremond, vid & Secquet, Marchands Saleurs à Marseille, & Jacques rceville, Adjudicataire des Fermes Générales Unies, à l'oc-ion des Droits sur les Sardines, Anchoix & Macqueraux, lesdits Marchands prétendent acquitter au Poids de Marc, lieu du Poids de Table, & à être déchargés des Droits sur Sardines dites Harancades.

Du 5 Novembre 1743.

Arrest du Conseil, qui permet au Sieur Sarazin, chargé le Roi de fabriquer à Paris toutes sortes d'Etoffes de soyes, xercer ladite Fabrique, avec défenses aux Jurés, Maîtres & rdes des Marchands Fabriquans de ladite Ville, & à tous res, de l'y troubler directement ni indirectement, à peine tous dépens, dommages & intérêts.

ta. Cet Arrest n'accorde aucun Privilége ni Exemption des Droits des Fermes.

Du 12 Novembre 1743.

Arrest du Conseil, qui commet M. Levet, Commissaire Conseil à Valence, pour instruire & juger le Procès tant nommés Pierre Puthod, Guillaume Peyreu & François nard, pour raison de la rebellion par eux faite la nuit du au 20 Octobre précédent aux Employés des Fermes du te de Lucey en Bugey, qu'au Pontonnier du Bac du Port it Lieu, pour avoir favorisé le passage desdits Puthod, reu & Venard, & la sortie des Bestiaux qu'ils conduisoient Savoye, ensemble aux Complices, Fauteurs, Participes Adhérans desdits faits, circonstances & dépendances.

Du 19 Novembre 1743.

Arrest du Conseil, portant que les Chapeaux de toute

espéce, fabriqués dans le Royaume, & qui feront envoyés rectement à l'Etranger, jouiront de la même exemption Droits accordée par les Arrêts du Confeil des 13 & 15 Oc bre dernier, fur les Etoffes, Tapifferies, Ouvrages de Bon terie, & Toilles des Fabriques du Royaume.

Du premier Décembre 1743.

Arreſt du Conſeil, qui évoque & renvoye pardevant M. l' tendant de la Généralité d'Auch & Pau les procédures co mencées devant le Lieutenant Criminel de la Sénéchau d'Auch, à la requête du nommé Saint Pierre, Conful de Ville de Mirande, contre le Sieur la Jarrique, Employé Fermes dans la Brigade établie en ladite Ville, à l'occaf des violences & mauvais traitemens exercés contre lui par Populace affemblée dans ladite Ville, qui le conduifit d les Prifons, & à quoi ledit Conful fe prêta, au lieu d'emplo fon autorité pour faire ceffer l'émeutte; ordonne que le to fera jugé par ledit Sieur Intendant.

Du 2 Décembre 1743.

* Jugement de la Commiffion du Confeil établie à Valenc qui condamne Jean la Combe, dit Janot, Marchand de B tiaux, & le nommé Boiron, Marchand Teinturier en Drap près la Chapelle de Notre-Dame de Bon-Rencontre à Lyo & contradictoirement François Vollaire & Claude Mardue Marchands Toilliers dans ladite Ville; fçavoir, ledit la Com aux Galeres pour cinq ans, pour avoir depuis plufieurs anné attroupé divers Particuliers, jufqu'au nombre de cinq & a deffus, pour introduire avec lui nuitament dans ladite Ville Lyon, & tranfporter dans différens Magafins, des Balots co tenans des Marchandifes prohibées; & lefdits Boiron, Vo laire & Marduel, ainfi que ledit la Combe, chacun folida rement en trois mille livres d'amende; outre ce, déclare l dit Vollaire indigne & incapable d'exercer le Négoce fa vi durant, & ordonne que fes Boutiques, fi aucunes il a, feron murées, & les Enfeignes & Infcriptions ôtées, &c. pour avo

licité différentes fois le Capitaine général des Fermes à Lyon, favoriser l'introduction desdites Marchandises prohibées dans dite Ville, sous promesse d'une recompense en argent.

Du 3 *Décembre* 1743.

Arrest du Conseil, qui fait mainlevée d'une saisie faite les ., 25, 26 & 27 Janvier 1742 par les Employés des Fermes Coueron, de la Barque l'Anne de Droghade, Marchandises, rais & aparaux sur le nommé Laurent Wailch, Irlandois.

Du 3 *Décembre* 1743.

Arrest du Conseil, qui casse une Sentence de l'Amirauté de antes du 6 Avril 1742, pour avoir fait mainlevée de deux ille trois cens Cuirs tannés, & deux cens paires de Souliers nus d'Angleterre sur le Navire le Guillaume-Marie de Perf, Capitaine Jean Levenas, ainsi que dudit Navire, agrez aparaux; confisque lesdites Marchandises comme prohibées, semble le Navire, agrais & aparaux, le tout saisi par les Emoyés des Fermes à Painbeuf le 11 Aoust 1741, & condamne dit Levenas, & Patrice Bodeken, Négociant à la Rochelle, mme ayant pris le fait & cause dudit Levenas, solidairement trois mille livres d'amende, nonobstant les déclarations par x faites que les Marchandises étoient pour le compte de Boken, & destinées pour Marseille.

Du 3 *Décembre* 1743.

Arrest du Conseil, qui continue pendant quatre années la nnoissance attribuée à M. l'Intendant de Guyenne par celui 1 10 Décembre 1737, de toutes les contraventions concerint les Manufactures, pour être par lui jugées en dernier resrt jusqu'à la somme de trois mille livres & au-dessus, sauf ppel au Conseil.

Du 3 *Décembre* 1743.

Arrest du Conseil, qui commet le Sieur Levet, Commissaire

du Conseil à Valence, pour pour instruire & juger le Proc aux nommés Meunier, Commis au Bureau de la Direction Dijon, accusé d'avoir engagé quelques Employés à lui apport du Tabac de Franche-Comté, & du Sel blanc, & Chevali Grignet, Receveur des Fermes à Reneves, prévenu d'avo exigé de l'argent des Voituriers pour mettre son vû sur d Acquits, quoiqu'il n'en fût point dû, ensemble à leurs Con plices, Fauteurs, Participes & Adhérans desdites infidélités circonstances & dépendances.

Du 3 Décembre 1743.

Arrest du Conseil, qui commet M. l'Intendant de Navarre Bearn & Généralité d'Auch, pour instruire & juger le Procè au nommé Dominique Brun, Concierge des Prisons de Ta bes, accusé d'avoir favorisé l'évasion desdites Prisons aux nom més Liberat, Greciet & Labonté, qui y étoient détenus pa les ordres du Roi.

Du 3 Décembre 1743.

* Arrest du Conseil, qui proroge pendant un an, à compte du premier Janvier 1744, l'Exemption des Droits sur les Be tiaux, ordonnée par celui du 22 Janvier 1743, & en consé quence, ordonne que pendant ledit tems, les Bœufs, Vaches Moutons, Brebis, Agneaux, Boucs, Chévres & Chevrotin qui viendront de l'Etranger seront exempts de tous Droits, tant des Cinq Grosses Fermes qu'autres dépendans de la Ferme Générale qui se payent à l'Entrée du Royaume, & que lesdits Bestiaux, ainsi que ceux du crû du Royaume, seront pareillement exempts, pendant ledit tems, des Droits d'Entrée & de Sortie, tant des Cinq Grosses Fermes qu'autres dépendans de la Ferme Générale, à leur passage des Provinces réputées Etrangeres dans celles des Cinq Grosses Fermes, & de celles des Cinq Grosses Fermes dans celles réputées Etrangeres, où il est dû des Droits aux Fermes Générales.

Du

Du 3 Décembre 1743.

Arreſt du Conſeil, qui évoque & renvoye pardevant le Sieur Heriard, Commiſſaire du Conſeil à Saumur, tant l'appel interjetté par l'Adjudicataire des Fermes Générales Unies d'une Sentence du Juge des Traittes de Fougeres du 5 Septembre précédent, que les procédures commencées devant le Juge des Gabelles d'Avranches, à la requeſte de la veuve Salmon, Aubergiſte au lieu de Montanel, & autres, contre les Employés des Fermes des Brigades de Saint Ouen, de la Roirie & Coegle, à l'occaſion d'une rebellion faite auſdits Employés étant à la pourſuite de Contrebandiers conduiſant pluſieurs chevaux chargés d'Indienne, Etoffes & faux Tabac dans ledit Village de Montanel, par ladite veuve Salmon & autres, contre le Procès-verbal de laquelle rebellion le Curé de ladite Paroiſſe s'étoit inſcrit en faux devant le Juge de Fougeres, qui en avoit admis les moyens, pour le tout être jugé par ledit Sieur Heriard.

Du 3 Décembre 1743.

Arreſt du Conſeil qui, en interprétant celui du 24 Février 1739, ordonne l'exécution du Tarif de la Comptablie de Bordeaux du 22 Septembre 1688, & en conſéquence, que les Bouteilles ou Flacons de verre double & ſimple qui entreront à Bordeaux, venant des Provinces du Royaume, acquitteront les Droits ſur le pied de l'eſtimation faite en 1736, à raiſon de quinze livres le cent en nombre, & que ledit Tarif qui évalue les Bouteilles de Rouen ou Cliſſées à dix-huit ſols la douzaine, continuera d'être exécuté.

Du 3 Décembre 1743.

Arreſt du Conſeil, qui condamne les nommés Viard, Bloquet & la veuve Greſſier en différentes amendes, & quatorze mille trois cens vingt cinq livres de dommages-intérêts, pour avoir rapporté pluſieurs Acquits à caution expédiés au Bureau d'Etaples pour des Sels deſtinés pour la Province d'Artois, &

qui avoient été versés sur la Picardie, lesquels Acquits à caution avoient été faussement déchargés.

Du 3 Décembre 1743.

Arrest du Conseil, qui renouvelle les défenses faites par celui du 12 Aoust 1738, de transporter à l'Etranger aucunes Graines de Lin, Colzat, Navette, & autres Graines servant à faire de l'Huille, des Provinces de Flandres, Haynault, Picardie & Artois, à peine de confiscation & de 500 livres d'amende, comme aussi d'en embarquer dans les Ports de Dunkerque, Calais, Saint Vallery & autres, sous prétexte de destination pour d'autres Provinces du Royaume, sous les mêmes peines.

Du 6 Décembre 1743.

* Arrest du Conseil, qui commet le Sieur Tapin, Lieutenant de Robe-Courte, pour, au lieu & place du Sieur Neel, veiller à l'exécution de l'Arrest du Conseil du 14 Septembre 1741, portant Réglement pour le transport des Marchandises de Librairie venant de Rouen à Paris, &c.

Du 10 Décembre 1743.

Arrest du Conseil, qui commet M. l'Intendant de la Généralité d'Auch & Pau, pour connoître & juger pendant quatre années toutes les affaires concernant la Ferme du Tabac dans la Province de Bearn, à l'exception néanmoins de celles qui surviendront dans le Ressort de l'Election de Dax, sçavoir, les affaires Civiles sauf l'appel au Conseil, & en dernier ressort les Criminelles.

Du 10 Décembre 1743.

Arrest du Conseil, qui commet M. le Nain à la place de M. de Bernage, ci-devant Intendant en Languedoc, pour l'exécution de l'Arrest du 29 Aoust 1741, par lequel l'Adjudicataire des Fermes & M. de Tranqualier ont été renvoyés pardevant M. de Bernage, pour entendre les Parties au sujet es dommages-intérêts pour prétendue déterioration faite à une aison appartenante audit Sieur de Tranqualier, située à côté e la Manufacture du Tabac établie à Toulouse, dans laquelle a été fait quelques réparations.

Du 13 Décembre 1743.

* Arrest contradictoire de la Cour des Aydes, qui, en conséquence des Priviléges accordés aux Habitans du lieu de Passvant, décharge Jean-Baptiste Baccon, Propriétaire de la orge de la Morteau, située sur le finage de Passavant, des roits d'Entrées sur les Fontes de Fer en Gueuses par lui tiés de Dampierre en Franche-Comté, & déchargés dans sa orge de la Morteau, & condamne ledit Baccon au payement es Droits de Marque sur lesdites Fontes de Fer en Gueuses.

Du 17 Décembre 1743.

Arrest du Conseil, qui nomme le Sieur Jean-JosephDuont, en qualité de Peintre & Dessinateur pour le Roi, des anufactures de Tapisseries & Tapis de pied, établies dans s Villes & Fauxbourgs de Feilletin & Aubusson, aux appoinmens de huit cens livres en qualité de Peintre & Dessinateur es Tapisseries de Feilletin, & trois cens livres en celle de eintre & Dessinateur de la Fabrique de Tapis de pied, lesels appointemens seront employés dans l'état des charges signées sur les Cinq Grosses Fermes, & payés par l'Adjuditaire des Fermes Générales, sans retenue du Dixiéme, auel il en sera tenu compte sur le prix de son Bail, à la charge r ledit Sieur Dumont de se conformer aux dispositions pores audit Arrest.

Du 21 Décembre 1743.

Arrest du Conseil, portant que les Toilles & Toilleries, isemble les Etoffes mêlées de soye fabriquées par les Passeentiers, qui seront portées au Bureau de Controlle de la Ville e Rouen pour y être visitées & marquées, acquitteront le roit de trois deniers par piéce ordonné être levé pendant cinq années par Arrest du Conseil du 17 Septembre précédent sur les Toilles & Toilleries qui sont exposées en vente sous les Halles de ladite Ville.

Du 22 Décembre 1743.

*Lettres Patentes du Roi, sur les Arrests du Conseil des 13 & 15 Octobre & 19 Novembre précédens, portant exemption de tous Droits de Sortie du Royaume sur les Etoffes d'or, d'argent, de soye, laine, poil, fil & coton, Tapisseries, Bas & Ouvrages de Bonneterie, Toilles & Chapeaux, à commencer du premier Novembre précédent, *contenant onze articles.*

Registrées en la Cour des Aydes de Paris le 30 Mars 1744; en celle de Rouen les 15 & 16 Avril; en celle de Clermont-Ferrand le 18 Mars; en celle de Bordeaux le 18 Avril; en celle de Montpellier le 28 Mars; en celle de Montauban le 30 Mars; en celle d'Aix le 27 Mars; en celle de Dole le 23 Mars; au Parlement de Dijon les 24 Mars & 30 Avril; en celui de Grenoble le 28 Mars; en celui de Rennes le 26 Mars; en celui de Pau le 13 Avril; en celui de Metz le 23 Mars, & au Conseil superieur de Roussillon le 28 Mars, le tout de ladite année 1744.

Du 24 Décembre 1743.

* Réglement du Roi, pour les ouvrages de Quincaillerie & de Coutellerie qui se fabriquent dans la Ville de Thiers, & Lieux circonvoisins. *Registré en Parlement le 2 Juillet 1744, contenant trente-quatre articles.*

Du 31 Décembre 1743.

Arrest du Conseil, qui commet M. l'Intendant de la Généralité d'Auch & Pau pour instruire & juger le Procès aux Auteurs, Complices, Fauteurs, Participes ou Adhérans, tant de la rebellion faite aux Employés des Fermes de la Brigade de Saint Engrasse, Pays de Soulle, le 12 Septembre précédent, dans un Cabaret du Village d'Asaph, à l'occasion de la capture du nommé Layr, arrêté en campagne, monté sur un cheval,

·c vingt-cinq livres huit onces de faux Tabac, que de l'éva-
ı dudit Layr, & enlevement de deux fusils desdits Employés,
constances & dépendances.

Du 31 Décembre 1743.

Arrest du Conseil, qui commet M. l'Intendant de la Géné-
ıté d'Auch & Pau pour instruire & juger le Procès aux Au-
ırs, Complices, Fauteurs, Participes ou Adhérans des re-
llion, violences & voyes de fait exercées dans la Paroisse de
ımazin, Pays de Soulle, le 20 Octobre précédent, contre
ıx Employés des Fermes des Brigades de Laccare & Men-
·e, circonstances & dépendances, à l'occasion de la capture
:e par lesdits Employés du nommé Bertrand Daracoin, &
nommée Marion, qui vendoient publiquement du Tabac de
ntrebande avec poids & balances devant la Porte de l'Eglise
dit lieu de Mendive.

Du 31 Décembre 1743.

* Arrest du Conseil, qui prescrit les formalités à observer
ur l'entrée des Ouvrages de Verrerie fabriqués en Alsace &
anche-Comté, & empêcher la fraude qui se pratique sur ceux
nant de l'Etranger; ordonne qu'à deffaut de remplir lesdites
:malités, les Droits en seront acquittés comme sur les Ou-
ages de verre venant de l'Etranger, & fixe à vingt sols du
nt pesant les Droits d'Entrées sur les Verres Cristalins coulés
. tables & sans boudines venans desdites Provinces.

Du 31 Décembre 1743.

'Arrest du Conseil, qui ordonne l'exécution de ceux des 17
ctobre 1741 & 13 Aoust 1743, concernant l'établissement
: la Manufacture Royale des Etoffes appellées Bayettes &
:mpiternes, établie à Mouy, Généralité de Paris; exempte
Facteur-Maître, le Contre-Maître, les Tisserans, Teintu-
ers & Foulonniers de la Milice, de Tutelle, Curatelle, Guet,
arde, & autres charges publiques, ensemble de la Taille,

pourvû qu'ils n'y ayent point déja été imposés, qu'ils n'ayent point d'autres Biens, & ne fassent autre Commerce que leur travail dans ladite Manufacture; exempte pareillement les Bâtimens qui composent la Manufacture de logement de Gens de Guerre & autres charges publiques.

Du 7 Janvier 1744.

Arrest du Conseil, qui permet au Sieur Pierre Maille, Fabriquant de Tapisserie à Elbeuf, de Fabriquer aussi des Flanelles fines, façon d'Angleterre, ainsi que des Draps comme il s'en fait dans ladite Ville, avec défenses de le troubler dans la fabrique desdites Flanelles, ni de débaucher ses Ouvriers.

Nota. Cet Arrest n'accorde aucune exemption des Droits des Fermes, mais seulement l'exemption de Milice, logement de Gens de Guerre, Guet, Garde & autres charges publiques, en faveur de ses principaux Ouvriers.

Du 7 Janvier 1744.

Arrest du Conseil, qui accorde aux Sieurs Lucien & François le Maire, l'Entreprise de la Manufacture Royale de Draperie, Bayettes, Sempiternes & Anacostes, ci-devant établie par le Sieur Merou à Bouflers; & ordonne que pour leur tenir lieu de l'exemption des Droits par eux demandée sur deux cens Balles de laine d'Espagne, du poids de deux cens cinquante livres chacune, il leur sera payé annuellement par l'Adjudicataire des Fermes une somme de onze cens livres, au moyen de laquelle ils acquitteront les Droits d'Entrées pendant les vingt années que doit durer le Privilége à eux accordé par Arrest du Conseil du 9 Janvier 1742.

Du 12 Janvier 1744.

* Arrest du Conseil, qui permet aux Fabriquans de la Manufacture de Sedan, d'augmenter d'un trente-deuxiéme d'aune, sur le Métier, la largeur des Draps de la seconde qualité.

Du 12 Janvier 1744.

Arrest du Conseil, qui défend la sortie des Grains, Farines : Légumes de la frontiére de Flandres par Mer, depuis le Port e Saint Vallery sur Somme jusqu'à Dunkerque, quand même esdits Grains seroient destinés à être transportés dans d'autres rovinces du Royaume. Défend pareillement d'en transporter ar terre à l'Etranger, sous les peines portées par les Régle-aens; & déclare au surplus le Commerce desdits Grains libre our le transport dans les autres Provinces du Royaume.

Du 14 Janvier 1744.

Arrest du Conseil, qui commet le Sieur Levet, Commis-ire du Conseil à Valence, pour instruire & juger le Procès a nommé Segrein, Receveur au Bureau des Fermes de Saint Iaurice en Dauphiné, accusé de prévarication, en attribuant son profit une partie des deniers de sa Recette.

Du 14 Janvier 1744.

Arrest du Conseil, qui ordonne que plusieurs piéces d'Etoffes ppellées Bayettes, appartenantes au Sieur Sellier, Entrepre-eur de la Manufacture Royale de Seignelay, & destinées pour Etranger, seront coupées par morceaux de cinq aunes, pour être trouvées mal dégraissées & défectueuses.

Du 14 Janvier 1744.

Arrest du Conseil, qui commet M. l'Intendant de Dijon our instruire & juger le Procès au nommé Charles Ruville u lieu de Colonges, convaincu d'avoir fait passer des Bleds n fraude à l'Etranger, ensemble à ses Complices, Fauteurs, 'articipes ou Adhérans de ladite fraude, circonstances & dé-endances.

Du 14 Janvier 1744.

Arrest du Conseil, qui défend de tuer des Agneaux, dans Généralité de Caën, pendant deux années, qu'après qu'ils a ront produit une dépouille de laine en maturité dans la saiso ordinaire de l'Eté, à peine de confiscation au profit des Sa sissans, & de cinquante livres d'amende.

Du 14 Janvier 1744.

Arrest du Conseil, qui évoque & renvoye pardevant M. l'I tendant de la Généralité d'Auch & Pau, toutes les affaires con cernant la Ferme du Tabac, actuellement pendantes & indé cises en différentes Jurisdictions du Département de Bayonn & Province de Bearn, ou sur lesquelles il peut être interjett des appels, pour être le tout par lui jugé, sçavoir les affaire Civiles sauf l'appel au Conseil, & les affaires Criminelles sou verainement & en dernier ressort.

Du 14 Janvier 1744.

Arrest contradictoire du Conseil, qui déboute Anne Char dron, veuve d'Etienne Mongeot, Hôtesse du Logis où pen pour Enseigne l'Image des Trois Rois, au Fauxbourg Sain Nicolas de Dijon, de l'appel par elle interjetté d'une Sen tence du Juge des Traittes de ladite Ville du 21 Avril 173 & faisant droit sur l'appel interjetté de la même Sentence pa Jacques Forceville, Adjudicataire des Fermes Générales Unie casse ladite Sentence, pour n'avoir condamné ladite Mongeo qu'au payement du simple Droit de Sortie de vingt-un poinçon de Vin & d'une feuillette d'Eau-de-vie, déclarés au Bureau d Dijon par le nommé Pochard pour le lieu de Thuillieres, fron tiére de la Ferme, & passés en Lorraine en fraude, condamn ladite veuve Mongeot, en qualité de Caution dudit Pochard en trois cens livres d'amende, pour avoir par ledit Pochar rapporté l'Acquit à Caution expédié pour la conduite desdit Vins & Eaux-de-vie faussement déchargé, & par ladite Mon geot avoir certifié la décharge dudit Acquit.

D

Du 18 Janvier 1744.

Ordonnance de M. le Lieutenant de Police, qui fait dé-
es aux Marchands frequentans la Foire Saint Germain des
, de vendre les Marchandises destinées pour ladite Foire,
t la Visite des Inspecteurs des Manufactures & des Gardes
Marchands Drapiers & Merciers, à peine de confiscation
Marchandises vendues, & de deux cens livres d'amende.

Du 21 Janvier 1744.

rrest du Conseil, qui commet le Sieur Jean-Louis Heriard
au lieu & place du Sieur Heriard son pere, pour l'exécu-
de l'Arrest du 3 Juillet 1742, & autres rendus pour l'éta-
ement de la Commission établie à Saumur pour instruire
ger, en appellant avec lui le nombre d'Officiers ou Gra-
requis par l'Ordonnance, toutes les affaires Criminelles
surviendront dans l'étendue des Généralités de Tours,
ulins, Bourges & Poitiers, à l'occasion de l'introduction
ébit à port d'armes, ou attroupement à port d'armes des
chandises prohibées, du faux Sel & du faux Tabac, en-
ble les Procès qui doivent être faits tant aux Auteurs &
nplices des violences commises contre les Commis des
nes, qu'aux Commis desdites Fermes qui favorisent la
trebande & le Faux-Saunage, &c.

Du 21 Janvier 1744.

rrest du Conseil, portant Réglement pour la Fabrique &
Commerce de la Poudre appellée Verd de Gris, propre
r la Peinture & la Teinture, qui se fabrique dans la Ville
Montpellier & en Languedoc, *contenant treize articles*, dont
uatriéme accorde cinq sols par quintal de ladite Poudre à
Commis établi par ledit article pour en faire la visite, &
édier les Certificats de la bonne ou mauvaise qualité d'i-
e.

Du 21 Janvier 1744.

Arrest du Conseil, qui commet le Sieur Colleau, Comm saire du Conseil à Reims, pour instruire & juger le Procès nommé Chevalier, dit Saint Louis, Contrebandier, tant po raison de deux assassinats dont il est accusé, l'un commis 16 Septembre 1739 dans la Ferme de Saint Montant, en personne d'un Employé des Fermes, & l'autre envers la fe me du nommé Richard, Notaire, & d'avoir ensuite volé ce femme, que pour raison des autres crimes dont il pourroit ê convaincu, ensemble à ses Complices, Fauteurs, Partici ou Adhérans.

Du 21 Janvier 1744.

Arrest du Conseil, qui évoque l'appel interjetté par Jacq Forceville, Adjudicataire des Fermes Générales Unies, d'u Sentence de l'Election de Guise du 18 Décembre précéde par laquelle les Elus ont prononcé l'élargissement du nom Frere Jean, Hermite de Plemésselve en Thierache, arrêté campagne pour la seconde fois le 21 Novembre 1743, av trois livres six onces de faux Tabac & quatre livres de blanc, sous prétexte qu'il pouvoit prouver un domicile, & claré en pleine Audience qu'ils jugeroient de même de t les emprisonnemens, lorsque les Prisonniers seroient en d'indiquer un domicile, pour sur ledit appel, circonstances dépendances, être fait droit aux Parties par le Roi au Rapp de M. le Controlleur Général des Finances, avec défenses se pourvoir ailleurs qu'au Conseil, à peine de nullité, ca tion de procédures & Jugemens, quinze cens livres d'amen & de tous dépens, dommages-intérêts.

Du 28 Janvier 1744.

Arrest du Conseil, qui permet au Sieur Jean Vallat, N gociant à Paris, d'établir à Cherbourg une Manufacture p y faire fabriquer des Draps propres à l'habillement Troupes, à la charge d'y monter dix à quinze Métiers, s grand nombre s'il est jugé convenable ; exempte lesdits aps de la Visite des Gardes Jurés Fabriquans de Cherbourg, les assujettit seulement à celle de l'Inspecteur des Manufac-es ; ordonne que ledit Sieur Vallat ne fera point Corps avec Fabriquans de Cherbourg, lui permet d'avoir un Plomb rticulier pour la Marque des Draps qu'il fabriquera, & d'en ir Magasin dans Paris.

ota. Cet Arrest n'accorde aucun Privilége ni Exemption des Droits des Fermes.

Du 28 Janvier 1744.

Arrest du Conseil, qui défend de tuer des Agneaux dans la néralité de Tours jusqu'à la Pentecôte de l'année 1745, à ne de trois cens livres d'amende ; de tondre les Moutons nt la Saint Jean, de vendre les Laines avant qu'elles ayent bien lavées & purgées de leur suin, à peine de cent livres mende ; de mêler les Laines, ni les mouiller ou humecter, s les peines portées par l'Art. XLI. du Réglement pour les nufactures du mois d'Aoust *1669* : ordonne que les Laines ont vendues dans les Marchés publics, avec défenses aux rchands qui en font Commerce d'aller au-devant des Gens la campagne pour les acheter, & aux Gens de la campagne les leur vendre ailleurs que dans les Marchés, à peine de nfiscation & de cent livres d'amende, tant contre l'Ache-r que contre le Vendeur.

Du 28 Janvier 1744.

Arrest du Conseil, qui accorde au Sieur Jean-Jacques-Clé-nt Habert le Privilége exclusif pendant trente années d'éta-r à Paris, Lyon, Tours, Marseille & autres Villes du yaume, une Calandre Royale pareille à celle dont les An-is se servent pour calandrer les Moires, avec défenses à ites personnes d'en faire construire de pareilles, ni de rendre nblables les Calandres actuellement existantes dans le yaume, sous prétexte de les réparer, le tout à peine de s dépens, dommages, intérêts.

ota. Cet Arrest n'accorde à Habert aucune Exemption de Droits.

Du 31 Janvier 1744.

* Ordonnance de M. Feydeau de Marville, qui, en inter prétant l'Art. XLVIII. du Réglement du 16 Juillet 1743 concernant la Bonneterie, acco de six mois pour faire marque les Bas & autres Ouvrages de Bonneterie, après lequel tem ceux qui se trouveront chez les Marchands & Fabriquans san Plomb ni Marques seront confisqués, & les Contrevenans con damnés en cinquante livres d'amende pour chaque contraven tion.

Du 4 Février 1744.

Arrest du Conseil, qui défend à tous Fabriquans de Fayance & autres, de fabriquer sans permission du Roi des Ouvrage de Fayance façon d'Angleterre, à l'imitation de ceux de l Fabrique des nommés Gerin & Serrurier, ausquels seuls il e permis d'en fabriquer dans Paris & à dix lieuës à la ronde pa autre Arrest du Conseil du 30 Juillet 1743, à peine de troi cens livres d'amende.

Du 4 Février 1744.

Arrest du Conseil, qui accorde au Sieur Jean-Françoi Bonnel le Privilége exclusif de fabriquer seul pendant quinz années dans la Ville de Marseille & à dix lieuës à la ronde des Bonnets façon de Tunis propres pour le Commerce d Levant, avec défenses à toutes personnes de le troubler dan ladite Fabrique, à peine de tous dépens, dommages & inté rêts.

Nota. Cet Arrest n'accorde aucune Exemption de Droits audit Sieur Bonnel.

Du 4 Février 1744.

* Arrest du Conseil, qui déboute les Seigneurs, Habitan & Communautés des Villages, Hameaux & Censes d'Argou les, Petit-chemin, Dominois, Beaucamp, Wailly, Berck Grofflier, Vaban, Verton, Saint Aubin, Merlemont, Con

chil-le-Temple, Noyelle, Tigny, Nampont, Vron & Baillon de leurs demandes; ordonne l'exécution des Arrests du Conseil & Lettres Patentes des 13 Avril & 24 Juin 1743, par lesquels ils ont été assujettis aux Droits établis dans la Province de Picardie, à laquelle ils ont été réunis.

Du 4 Février 1744.

Arrest du Conseil, qui évoque une assignation donnée au Bureau des Finances de Paris le 18 Novembre précédent au nommé Deville, Débitant de Tabac, à la requête des Commissaires de la Voyerie de ladite Ville, pour se voir condamner au payement d'une somme de quatre livres pour Droit de Voyerie d'un Ecriteau movible mis au-devant de sa Boutique indicatif qu'il vend du Tabac, & en l'amende, pour avoir mis cet Ecriteau sans en avoir obtenu la permission; pour sur ladite assignation, circonstances & dépendances, être fait droit aux Parties, au Rapport de M. le Controlleur Général des Finances, ainsi qu'il appartiendra, avec défenses de se pourvoir pour raison de ce ailleurs qu'au Conseil, à peine de nullité, cassation de procédures & Jugemens, & de tous dépens, dommages & intérêts.

Du 4 Février 1744.

Arrest du Conseil, qui évoque l'appel interjetté par Jacques Forceville, Adjudicataire des Fermes Générales Unies, d'une Sentence de l'Election d'Abbeville du 18 Juin 1743, par laquelle, en prononçant la confiscation de deux cens quatorze livres de Tabac de Contrebande saisi dans la Grange du nommé l'Etaminy, Laboureur & Arpenteur au Village de Bugny Saint Macloux, les Juges l'ont déchargé de l'amende de mille livres par lui encourue, sous prétexte que la Grange ne fermoit point à clef, quoiqu'il eût offert de payer une somme de trois cens livres par accommodement; ordonne que sur ledit appel les Parties procéderont au Conseil pour leur être fait droit, avec défenses de procéder ailleurs, à peine de nullité, cassation de procédures, & de tous dépens, dommages & intérêts.

Du 4 Février 1744.

* Arrest du Conseil, qui en casse un du Parlement de Dijon du 12 Juillet 1743, pour avoir annullé un Procès-verbal, sous prétexte que les Commissions des Employés qui l'ont dressé, ne se sont pas trouvées enregistrées au Greffe des Jurisdictions où ils ont prêté serment, quoiqu'elles fussent revêtues de l'acte de prestation de serment mis sur icelles par les Greffiers desdites Jurisdictions; & ordonne l'exécution d'une Sentence du Grenier à Sel de Louhans, par laquelle le nommé Claude Guillard a été condamné en deux cens livres d'amende pour saisie domiciliaire de Sel blanc trouvé chez lui.

Du 4 Février 1744.

* Arrest du Conseil, qui modére à trente sols du cent pesant, les Droits d'Entrée sur les Fromages de Suisse, au lieu de six livres imposés par l'Arrest du 29 Janvier 1692.

Du 11 Février 1744.

* Arrest du Conseil, qui ordonne l'exécution de la Déclaration du Roi du 14 Novembre 1724, qui fixe le nombre des chevaux qui pourront être attelés aux Charettes à deux roues, qui attribue à M. l'Intendant de la Généralité d'Alençon, la connoissance des contraventions qui seront faites à ce Réglement, & accorde aux Maréchaussées la moitié des amendes qui seront prononcées contre les Contrevenans.

Du 11 Février 1744.

Arrest du Conseil, qui évoque l'appel interjetté par Jacques Forceville, Adjudicataire des Fermes Générales Unies, d'une Sentence de l'Election d'Abbeville du 2 Décembre précédent, par laquelle le nommé François Watinest, du Village d'Ivren, a été renvoyé avec amende & dépens de la demande du Fermier, tendante à la confiscation de dix-sept livres de Tabac e fraude trouvé caché dans un trou de sa Grange, couvert 'une pierre & de paille, & saisi par Procès-verbal du 25 Oc-bre 1743. Le motif de ce renvoi fondé sur ce que Warti-est, inspiré par les Juges, a soutenu que la porte de sa Grange e fermoit qu'avec une corde, & que la copie du Procès-erbal n'étoit pas conforme à l'original, en ce que la copie orte que les Commis sont entrés dans la maison fermant d'une orde, & que l'original porte qu'ils sont entrés dans la Grange nant à la Maison fermante à la corde; ordonne que sur ledit ppel les Parties procéderont au Conseil pour leur être fait oit, avec défenses de procéder ailleurs, à peine de nullité, assation de procédures & Jugemens, & de tous dépens, ommages intérêts.

Du 11 Février 1744.

Arrest du Conseil, qui ordonne que les Ressorts des Juris-ictions des Fermes du Roi établies à Bapaume & à Hesdin, emeureront fixés respectivement, & séparés par le grand che-nin qui conduit de Lucheux en Picardie à Arras, passant par Avesnes-le-Comte, en sorte que le ressort de la Jurisdiction de Bapaume sera composé tant dudit lieu d'Avesnes-le-Comte que les autres lieux que le grand chemin peut traverser, ensemble de outes les Paroisses, Villages, Hameaux, Fermes & Cens, sou-nises ci-devant aux Jurisdictions qui se trouvent au Levant du-it chemin du côté de Bapaume, & que celles des Paroisses, Villages, Hameaux, Fermes & Censes qui se trouvent au-delà & au Couchant dudit chemin du côté d'Hesdin formeront le Ressort de la Jurisdiction des Fermes établie dans ladite Ville d'Hesdin.

Du 14 Février 1744.

* Arrest du Conseil, portant Réglement pour l'exploitation des Mines de Hoüille ou Charbon de terre, & confirme l'Exemption du Droit Royal du Dixiéme porté par l'Article II, de l'Edit du mois de Juin 1601, *contenant onze articles.*

Du 15 Février 1744.

* Déclaration du Roi, en explication des Réglemens rendus contre les Faux-Sauniers, Faux Tabatiers & Contrebandiers, pour les cas dans lesquels les Juges, en prononçant la peine des Galeres, doivent aussi les condamner à la flétrissure, & ceux où ils ne doivent prononcer que la peine des Galeres seulement sans la flétrissure, *contenant quatre articles.*

Registrée en la Cour des Aydes de Paris le 22 Avril 1744; en celle de Rouen le 16 dudit; en celle de Clermont-Ferrand le 18 Mars; en celle de Montpellier le 21 Mars; en celle de Montauban le 20 Avril; en celle d'Aix le 21 Mars; en celle de Bordeaux le 18 Avril; en celle de Dole le 16 Mars; au Parlement de Dijon le 20 Mars; en celui de Grenoble le même jour; en celui de Rennes le même jour; en celui de Metz le 19 Mars; en celui de Pau le 24 Mars, & au Conseil superieur de Roussillon à Perpignan le même jour de ladite année 1744.

Du 18 Février 1744.

Arrest du Conseil, qui défend la sortie du Royaume des Laines des Provinces de Dauphiné & Provence, à peine de confiscation & de 3000 livres d'amende, & ordonne que lesdites Laines ne pourront passer dans les autres Provinces du Royaume qu'en vertu des permissions qui seront accordées par MM. les Intendans ou leurs Subdélégués, sous la soumission de rapporter des Certificats de décharge desdites Laines dans les lieux de leur destination, sous les mêmes peines.

Du 18 Février 1744.

Arrest du Conseil, qui permet à Simon-Etienne Martin le cadet de fabriquer, faire, vendre & débiter pendant vingt années, dans toute l'étendue du Royaume, toutes sortes d'Ouvrages en relief dans le goût du Japon & de la Chine, avec le Verni du feu Sieur de la Porte son beaupere, duquel il a le Secret; & défend à toutes personnes, autres que Guillaume ıme Martin son frere aîné, sa veuve & enfans, d'inventer, re ou contrefaire lesdits Ouvrages en relief, à peine de concation desdits Ouvrages, & de tous dépens, dommages & érêts.

Du 19 Février 1744.

* Arrest du Conseil, qui modére à deux sols du cent pesant Droits d'Entrée, tant des Cinq Grosses Fermes que des ovinces réputées Etrangeres, le Plomb, l'Alquifou, la Lige, le Minium & la Ceruse provenant des Mines de sse-Bretagne, exploitées sous le nom du Sieur Guillotou de ervert, & les exempte des Droits de Sortie de ladite Proıce à la même destination de l'intérieur du Royaume, le ıt en observant les formalités prescrites par ledit Arrest, *tenant cinq articles.*

Du 22 Février 1744.

* Arrest contradictoire de la Cour des Aydes, rendu entre cques Forceville, Adjudicataire des Fermes Générales de Majesté, prenant le fait & cause de Gilles Landoy, preer Huissier de l'Election de Paris.

Le Sieur de Rocrolle, Commissaire au Châtelet de Paris.

Jean Mirsin, Antoine Totin & autres Huissiers Commissaires-seurs au Châtelet de Paris, & la Communauté desdits Huiss Priseurs, prenant le fait & cause desdits Mirsin & autres.

Au sujet du trouble apporté par lesdits Sieurs Commissaires Huissiers accompagnés d'Archers, dans les fonctions dudit ndoy, en procédant à une vente de Meubles à la requête lit Forceville.

Qui décharge le Sieur Commissaire de Rocrolle, decreté Sentence des Officiers de l'Election, d'assigné pour être , de l'accusation contre lui intentée, sans dépens.

Met sur l'extraordinaire ledit Mirsin & autres Huissiers, qui ient été decretés d'ajournement personnel, hors de Cour le Procès; condamne lesdits Huissiers & Communauté seuent en tous les dépens pour tous dommages & intérêts, même en ceux faits par Forceville contre ledit Sieur Commissaire de Rocrolle.

Et ordonne que les Arrests de ladite Cour, Ordonnances, Arrests & Réglemens, & notamment les Lettres Patentes du 4 Décembre 1731, & l'Article DLXXI. du Bail dudit Forceville, seront exécutés; en conséquence, maintient ledit Forceville dans le droit & privilége de se servir de tels Huissiers que bon lui semblera, pour faire les Ventes de Meubles & autres Actes de Justice concernant les Droits desdites Fermes, & défend ausdits Huissiers Priseurs & à tous autres de les y troubler sous telles peines qu'il appartiendra.

Du 25 Février 1744.

* Arrest du Conseil, qui fait défenses aux Tondeurs, d'humecter d'huille, ni d'aucune sorte de graisse, les Piéces de Draps & autres Etoffes qui leur seront confiées pour les apprêter, à peine, en cas de contravention, de confiscation desdits Draps & autres Etoffes, & de cent livres d'amende pour chaque Piéce qui se trouvera grasse, lorsqu'elle sera rendue.

Du 25 Février 1744.

* Arrest du Conseil, qui ordonne qu'à l'avenir toutes les Piéces de Draps & autres Etoffes que les Inspecteurs des Manufactures visiteront, & qu'ils trouveront grasses, seront par eux saisies pour en faire prononcer la confiscation, & cent livres d'amende pour chaque Piéce d'Etoffe qui se trouvera grasse.

Du 25 Février 1744.

Arrest du Conseil, qui approuve le Traité passé le 16 Janvier précédent entre M. de Lucé, Intendant de la Généralité de Tours, de la part du Roi, & François-Louis Veron Duverger, par lequel ledit Duverger s'oblige de semer, cultiver & entretenir dans le cours de neuf années une Pepiniere de cinquante mille Mûriers, qu'il délivrera aux Particuliers du Maine qui lui en demanderont sur les Ordres dudit Sieur Intendant ou ſon Subdélégué, & ce moyennant la ſomme de douze mille livres, qui lui ſera payée pendant le cours deſdites neuf années, ſçavoir deux mille livres par chacune des trois premieres années, & mille livres par chacune des ſix dernieres, laquelle ſomme de douze mille livres ſera impoſée conjointement avec la Taille ſur les Contribuables de la Généralité, & remiſe au Receveur Général des Finances, pour être par lui payée audit Duverger.

Du 25 Février 1744.

* Jugement de la Commiſſion du Conſeil établie à Valence, qui caſſe & annulle les différens Decrets & toute la Procédure faite par le Lieutenant de la Maréchauſſée du Lyonnois à la réſidence de Roanne, contre des Employés des Fermes du Roi, de la Brigade poſtée à Saint Haon en Foreſt, pour faits arrivés dans l'exercice & fonctions de leurs Emplois.

Du 25 Février 1744.

Arreſt du Conſeil, portant que par le Garde du Tréſor Royal, Jacques Forceville, Adjudicataire des Fermes Générales Unies, ſera rembourſé d'une ſomme de deux cens ſoixante mille trois cens ſoixante-deux livres un ſol deux deniers par lui avancée des deniers de la quatriéme année de ſon Bail, pour ſupplément des Rentes des Paroiſſes de Paris, Verſailles, Marly, Saint Germain en Laye; indemnité des réductions faites des nouvelles Rentes deſdites Paroiſſes, remédes fournis aux Pauvres des Provinces par le Sieur Helvetius, Plans, Devis, Ouvrages & Réparations aux Dépôts des Sels de Rouen, Honfleurs, Bureaux appartenans au Roi, indemnités & autres dépenſes y mentionnées.

Du premier Mars 1744.

* Arreſt du Conſeil, portant Réglement ſur le Commerce des Colonies Françoiſes de l'Amérique, *contenant vingt articles.*

Du 3 Mars 1744.

* Arrest du Conseil, qui modére à cinq sols par Piéce de quinze aunes, les Droits d'Entrées des Cinq Grosses Fermes sur les Toilles Batistes écrues, de Cambray, & autres Villes du Pays conquis; ordonne que les Tisserands ou Mulquiniers seront tenus de mettre à la tête & à la queue de chaque Piéce desdites Toilles, leur nom & celui du lieu de leur demeure; régle la forme des Certificats qui seront délivrés ausdits Tisserands, & prescrit les formalités qui doivent être observées à l'entrée desdites Toilles, &c.

Du 3 Mars 1744.

Arrest du Conseil, qui ordonne l'envoi à M. le Controlleur Général des Finances, des motifs d'un Arrest du Parlement de Dijon du 4 Février précédent, par lequel le nommé Prudon a été déchargé de la confiscation de deux Chevaux sur lui saisis au Bureau de Versoix, faute de déclaration, & de l'amende de trois cens livres prononcée contre lui par Sentence du Juge des Traittes de Nantua, & ce sous prétexte que Prudon étoit encore dans le Village de Versoix, quoique les Employés ne l'ayent arrêté qu'après avoir passé le Bureau sans y faire déclaration ni payé les Droits, pour lesdits motifs vûs & examinés, être ordonné ce qu'il appartiendra.

Du 4 Mars 1744.

* Déclaration du Roi, portant Réglement pour les Comptes à rendre par les Trésoriers de la Marine, du produit, tant des Droits du Domaine d'Occident aux Isles Françoises du Vent de l'Amérique & en Canada, que de la somme de cent quatre-vingt mille livres employée dans les Etats des charges assignées sur les Fermes Générales, accordée à la Marine par les Arrest & Lettres Patentes du 5 Aoust 1732, & des Droits qui se perçoivent par forme d'Octroi à Saint Domingue, *contenant quatre articles. Registrée en la Chambre des Comptes le 10 Mars 1744.*

Du 10 Mars 1744.

rest du Conseil, qui casse une Sentence de l'Election de ntan du 14 Octobre précédent, pour avoir modéré à cin- e livres l'amende de mille livres encourue par Anne Le- , de la Paroisse de Feugeres, chez laquelle il a été saisi ivre cinq onces de faux Tabac.

Du 10 Mars 1744.

rrest du Conseil, qui permet au Sieur de Lavigne de fa- ier, vendre & débiter dans la Ville & Fauxbourgs de toutes sortes d'Ouvrages composés en tout ou en partie Métal jaune imitant l'Or; tels que Tabatieres, Chaînes Montres, Boucles, Boutons, Etuys, Cachets, Gardes ées, & autres Bijouteries de pareille espéce, avec défenses utes personnes de troubler directement ni indirectement Sieur Lavigne, à peine de tous dépens, dommages & êts.

Du 10 Mars 1744.

rrest du Conseil, qui commet M. l'Intendant de Picardie instruire & juger le Procès aux Auteurs, Complices, Fau- s, Participes ou Adhérans des rebellion, voyes de fait & ences exercées le 16 Février précédent contre les Em- és des Fermes de la Brigade ambulante établie aux Faux- rgs de Bapaume, à l'occasion de la spoliation d'une cap- faite par lesdits Employés sur une vingtaine de Contre- diers portant chacun un sac de Sel ou de Tabac dans les lieuës de la Province d'Artois limitrophes à la Picardie.

Du 14 Mars 1744.

Jugement de la Commission du Conseil établie à Saumur, condamne Leonard Gastineau, Capitaine; Jean Adrien puisset, Lieutenant; René Riveroux, François de Saint ond & Lavigne, Employés de la Brigade des Fermes à Ar-

feuil en Bourbonnois, pour crime d'infidélité par eux co
mise dans les fonctions de leurs Emplois, & les condamne
Galeres pour trois années.

Du 16 Mars 1744.

* Jugement de la Commission du Conseil établie à Valen
qui condamne par contumace le nommé Jeanjean, du lieu
Montjardin en Languedoc; le nommé Nadal, Tonnelier,
lieu de Saint Jean du Breuil; la nommée Valsaugue, fem
d'un Maréchal dudit lieu, & le Sieur Arnal de Vallerau
se disant Garde du Corps : sçavoir, ledit Jeanjean en trois c
livres d'amende, conversible à défaut de payement; ledit N
dal à trois années de Galeres; ladite Valsaugue au Fouet,
au Bannissement pendant trois ans des Provinces de Langued
& Rouergue, & ledit Sieur Arnal de Valleraube à être adm
nesté, en trois cens livres pour dépens, dommages & intér
envers le Fermier, & à dix livres d'aumône, & contradictoi
ment le Corps & Communauté du lieu de Saint Jean du Bre
en trois cens livres d'amende envers le Roi, & en cinq c
livres de dommages & intérêts envers ledit Fermier; & Pie
Lafond, lors premier Consul dudit lieu, à être admonesté,
cent livres de dommages & intérêts envers ledit Fermier, &

Du 17 Mars 1744.

Arrest du Conseil, qui réduit à trois sols par quintal de P
dre appellée Verd-de-Gris les cinq sols attribués à titre d'
pointement au Commis Visiteur de ladite Poudre, commis
M. l'Intendant de Languedoc pour en faire la Visite dans
Ville de Montpellier, en exécution de l'Arrest du Conseil
21 Janvier précédent, portant Réglement pour l'aprêt &
Commerce de ladite Marchandise.

Du 24 Mars 1744.

Arrest contradictoire du Conseil & Lettres Patentes, *reg*
trées en la Cour des Aydes de Paris le 2 Juin 1744, & en c

Rouen les 5 & 13 Mai précédent, qui déboutent le Procu-
ur Général de l'Ordre des Freres Mineurs de Saint François,
pellés Capucins, des demandes par lui formées, tendantes
ouir de l'Exemption des Droits des Fermes du Roi.

Du 24 Mars 1744.

Arrest du Conseil, sur la Requête de Jacques Forceville, ljudicataire des Fermes Générales Unies, tendante à la cassion d'un Arrest de la Cour des Aydes de Rouen du 11 Janer précédent, par lequel ladite Cour a modéré à cent livres mende de mille livres encourue par le Sieur Dagobert, de Paroisse de la Chapelle Minge, Election de Saint Lo, chez quel il avoit été saisi neuf cens cinquante livres de faux Tac en treize sacs, & ce sous prétexte que le Tabac avoit été roduit dans sa Maison par ses Domestiques à son insçû; ornne que ladite Requête sera communiquée audit Sieur Dabert, pour y fournir de réponses dans le délai de l'Ordonnce, sinon fait droit ainsi qu'il appartiendra.

Du 24 Mars 1744.

Arrest du Conseil, qui déboute le Sieur Silvestre-Pierre de Haye, Procureur du Roi de la Jurisdiction des Traittes Fones & Domaniales à Rouen, de sa demande, tendante à e payé annuellement par l'Adjudicataire des Fermes Génées d'une somme de quatre cens livres, qu'il prétend lui avoir ujours été payée pour ses salaires & vacations, dépenses exordinaires & droits pour le service qu'il rend dans les Afres du Roi, au lieu du cinquiéme des Droits qui se lévent profit de Sa Majesté, attribué à son Office par Edit du ois de Septembre 1549.

Du 24 Mars 1744.

Arrest du Conseil, qui subroge M. de Serilly, Intendant de anche-Comté, à la place de M. de Vanolles, ci devant Indant de la même Province, pour instruire & juger toutes les Affaires Civiles & Criminelles nées & à naître dans ladit Province, pour raison des fraudes & contraventions aux Droit de la Ferme du Tabac, circonstances & dépendances, conformément aux Arrests du Conseil des 15 Juillet 1732 & 2 Septembre 1734.

Du 24 Mars 1744.

Arrest du Conseil, portant Réglement pour empêcher la fraude des Droits d'Octrois sur la Riviére de Saonne, appartenans à la Province de Bourgogne, sur les Grains qui y passent & qui sont destinés pour la Provence, *contenant six articles.*

Du 24 Mars 1744.

* Arrest du Conseil, qui fixe à vingt-cinq sols du cent pésant les Droits d'Entrée dans le Haynaut & la Flandre Françoise, sur les Toilles grosses dont le prix ne sera que de vingt sols l'aune & au-dessous; & à cinq livres aussi du cent pésant sur celles de la valeur au-dessus de vingt sols l'aune, le tout monnoye & aunage de France, avec défenses d'introduire dans lesdites Provinces des Toilles teintes, rayées ou à carreaux venant des Pays-Bas Autrichiens, sous les peines portées par l'Arrest du Conseil du 26 Mars 1742.

Du 28 Mars 1744.

* Jugement de la Commission du Conseil établie à Reims, qui condamne les nommés Nicolas Petit & Pierre Uberland, Forgerons & Cloutiers du Village de Neumanil, Duché de Luxembourg, en cinq années de Galeres, & en mille livres d'amende, pour Contrebande en Tabac & Indiennes, avec attroupement au-dessus du nombre de cinq sans armes.

Du 31 Mars 1744.

Arrest du Conseil, qui déboute Jacques Forceville, Adjudicataire des Fermes Générales Unies, de sa demande en cassation de celui de la Cour des Aydes de Paris du 7 Septembre 1742,

1742, par lequel Dominique Demange, Habitant de Gousſaincourt, près Joinville, dans l'étendue des quatre lieuës des limites de la Ferme, a été renvoyé des concluſions du Fermier, tendantes à la confiſcation de onze muids & deux feuillettes de Vin entrepoſés & ſaiſis chez lui le 13 Novembre 1741.

Nota. Ces deux Arreſts ſont fondés ſur ce que Demange a établi que vivant noblement, la quantité de Vin trouvé chez lui n'excédoit point ſa proviſion.

Du 31 Mars 1744.

Arreſt du Conſeil, qui confiſque treize demies piéces & vingt-quatre coupons de Gaze de ſoye, contenant enſemble deux cens quarante-deux aunes, ſaiſies par l'Inſpecteur des Manufactures au Bureau de la Douanne à Paris, ſur le Sieur Rougemont, Banquier, faute d'être marquées des Plombs ordonnés par les Réglemens, & le condamne en trois mille livres d'amende.

Du 31 Mars 1744.

Arreſt du Conſeil, qui commet le Sieur Colleau, Commiſſaire du Conſeil à Rheims, pour inſtruire & juger le Procès tant à cinq Carabiniers de la Garniſon de Bernot en Picardie, qui ont forcé à main armée le Corps-de-Garde des Employés des Fermes au Poſte de Cueſſy, enlevé leurs fuſils, & facilité le paſſage d'une bande de Fraudeurs, qu'à deux Particuliers faiſant partie d'iceux, arrêtés par les Employés de pluſieurs Brigades réunies, enſemble aux Complices, Fauteurs, Participes ou Adhérans de tous leſdits faits, circonſtances & dépendances.

Du 31 Mars 1744.

Arreſt du Conſeil, ſur la Requête de Jacques Forceville, Adjudicataire des Fermes Générales Unies, tendante à la caſſation de celui du Grand Conſeil du 23 deſdits mois & an, par lequel, en infirmant une Sentence de la Juriſdiction des Traittes de Marſeille du 29 Juillet 1741, qui avoit prononcé la confiſcation de huit balles, contenant trois cens quatre-vingt piéces de Mouchoirs de Toille de coton des Indes, déclarés au Bureau de Septemes pour Fabrique de Zuric en Suisse, & saisis faute de Plombs ni Bulletins de la Compagnie des Indes, & condamné solidairement le nommé Etienne Brun, Voiturier venant de Geneve à Marseille, ainsi que les Sieurs Picot, Argaud & Malvesin, Marchands à Geneve, Propriétaires desdites Marchandises, en trois mille livres d'amende, le Grand Conseil a fait mainlevée de la saisie, & adjugé trois mille livres de dommages intérêts au profit desdits Sieurs Picot, Argaud & Malvesin, sous prétexte qu'il peut se fabriquer en Suisse des Mouchoirs pareils à ceux saisis; ordonne que la Requête du Fermier leur sera communiquée, pour y fournir de Réponse dans les délais de l'Ordonnance, toutes choses jusqu'à ce demeurant en état.

Du 7 Avril 1744.

Arrest du Conseil, sur la Requête de Jacques Forceville, Adjudicataire des Fermes Générales Unies, tendante à la cassation d'une Sentence de la Jurisdiction des Traittes de Saint Malo du 8 Février précédent, pour avoir renvoyé le Fermier de ses demandes & conclusions au payement des Droits de mille cinquante-deux quintaux de Morue séche, deux mille Morues vertes, sept bariques & un tierçon de Saumon salé, quatre bariques d'Huille de Poisson, un quart d'Anguilles, trois Peaux de Loutre, une Peau de Renard & vingt-deux Peaux de Loup marin provenant de Pêche & Commerce aux Isles Angloises, & déclarés provenir de Pêche Françoise à l'Isle Royale, pour le compte du Sieur Thomas Anguetil de la Brutiere, Armateur du Navire l'Hirondelle de Grandville, Capitaine Thomas Barré, comme aussi au payement des Droits de Brouage sur soixante-quatre muids de Sel par lui pris en l'Isle de Ré en exemption desdits Droits, sous prétexte que le Sel étoit destiné pour la Pêche, quoiqu'il ait été vendu aux Anglois; ordonne que ladite Requête sera communiquée audit Sieur Anguetil de la Brutiere, pour y fournir de Réponse dans le délai de l'Ordonnance, sinon sera fait droit, toutes choses jusqu'à ce demeurant en état.

Du 7 Avril 1744.

Arrest du Conseil, qui casse une Ordonnance du Subdé-gué Général de Picardie du 15 Février précédent, pour avoir échargé le nommé Thomas Dorne, Cocher du Sieur Os-ont, Fermier des Carosses de Voitures de Paris en Flandres, e l'amende de trois cens livres par lui encourue, sous prétexte ue ce Cocher prétendit qu'il n'y avoit pas de preuves suffi-ntes qu'il eût connoissance de ceux à qui appartenoient deux allots remplis de huit cens soixante & seize aunes & demie, nt de Damas des Indes, Masulipatan, Mousselines sans Plombs Bulletins de la Compagnie des Indes, que Toilles peintes, ui avoient été jettés dans son Carosse par la portiere, quoi-u'il eût arrêté exprès vis-à-vis l'Eglise de Saint Furcy de Per-onne pour recevoir ces deux ballots, confisque lesdites Mar-handises, & le condamne en trois cens livres d'amende, & ux dépens.

Du 7 Avril 1744.

Arrest du Conseil, qui commet M. Meliand, Intendant de a Généralité de Soissons, pour instruire & juger le Procès tant cinq Carabiniers de la Garnison de Bernot, pour avoir à ain armée forcé le Corps-de-Garde des Employés des Fer-es du Poste de Guessy, enlevé leurs fusils, & facilité le pas-age d'une bande de Fraudeurs, qu'à deux Particuliers arrêtés vec quatre desdits Carabiniers, pour raison de la Contrebande ont ils pourront être prévenus, ensemble aux Complices, Fau-eurs, Participes ou Adhérans de tous lesdits faits, circonstances dépendances.

Du 11 Avril 1744.

* Jugement de la Commission du Conseil établie à Rheims, qui condamne le nommé Benoît Brelas, se disant sans Profes-ion certaine, & demeurant au Village d'Arville en Artois, en inq années de Galéres, & en mille livres d'amende, pour Con-rebande en Tabac avec attroupement au-dessus du nombre de inq, sans armes.

Du 16 Avril 1744.

* Ordonnance du Roi, qui défend à tous les Pêcheurs de Poiſſon de Mer, de pratiquer la Pêche avec le filet nommé Ret-traverſier ou Chalut, juſqu'à ce qu'il en ait été autrement ordonné par Sa Majeſté.

Du 16 Avril 1744.

* Jugement de la Commiſſion du Conſeil établie à Valence, par lequel Jacqueline Cordas, veuve de Jean Valentin, Cabaretiere au lieu de la Paterie, Paroiſſe de Maras en Auvergne; Antoine Bonjean, Michel Chardon, Cabaretier au lieu de Pontgibaud, & Iſabeau Deſeilles, femme de Jean Poyet, Cabaretiere au Bourg d'Arlan, ont été condamnés; ſçavoir, ladite Cardas en mille livres d'amende, pour avoir, en contravention aux Réglemens, donné volontairement retraite & fourni des vivres à des Contrebandiers & Faux-Sauniers; & leſdits Bonjean, Chardon & Iſabeau Deſeilles, en trois cens livres chacun d'amende, pour avoir pareillement donné retraite & fourni des vivres à des Faux-Sauniers.

Du 18 Avril 1744.

Arreſt du Conſeil, qui accorde au Sieur Hardion, Négociant à Tours, le Privilége excluſif pendant dix années de fabriquer ſeul dans la Ville de Tours, ſous le titre de Manufacture Royale, des Damas façon de Génes en cent portées, avec défenſes de le troubler, à peine de confiſcation des Etoffes de pareille qualité qui ſeront fabriquées par d'autres, & de tous dépens, dommages & intérêts, aux priviléges, clauſes & conditions y portées; & ordonne que par l'Adjudicataire des Fermes Générales Unies, il lui ſera payé annuellement, pendant le tems de ſon Privilége, dix ſols par aune des Damas façon de Génes qu'il fabriquera, dont il ſera tenu compte au Fermier ſur le prix de ſon Bail.

Nota. Cet Arreſt n'accorde aucune Exemption des Droits des Fermes ſur leſdites Etoffes.

Du 18 *Avril* 1744.

Jugement de la Commiſſion du Conſeil établie à Valence, condamne par contumace Antoine Varmeille, du lieu de ieres, dans le Comté de Nice, évadé des Priſons de Dragnan en Provence le 29 Juin 1742, aux Galeres pendant s années, & en cinq cens livres d'amende, pour Contrede en Tabac, au nombre de cinq, réſultans du Procès: & tradictoirement Jacques Lions, Concierge deſdites Priſons Draguignan, à être admoneſté, d'être plus exact à la garde Priſonniers, à trois livres d'Aumône envers les Pauvres de ôpital dudit Draguignan, & le déclare garant & reſponſable adjudications prononcées contre ledit Varmeille.

Du 20 *Avril* 1744.

Arreſt du Conſeil, qui ſuſpend pendant la Guerre l'exécu de l'Article II. des Lettres Patentes du mois d'Avril 1717, ncernant le Commerce des Colonies Françoiſes de l'Amée, par lequel Article les Négocians ſont obligés de faire retour dans les mêmes Ports d'où ils ſeront partis, à peine dix mille livres d'amende.

Du 21 *Avril* 1744.

Jugement de la Commiſſion du Conſeil établie à Valence, lequel Barthelemy Deſour, dit la Peau, Voiturier de Vin, Hameau de la Côte, Paroiſſe de Tance en Velay, a été damné aux Galeres à perpétuité & à mille livres d'amende, r avoir fait la Contrebande & marché dans des bandes ares, ledit Deſour préalablement marqué par l'Exécuteur de haute Juſtice ſur l'épaule dextre, avec un fer chaud, portant npreinte des lettres G. A. L.

Du 22 *Avril* 1744.

Arreſt du Conſeil, qui évoque & renvoye pardevant M. Meliand, Intendant de la Généralité de Soissons, les Procédure commencées par le Lieutenant de la Maréchaussée de Soissons & autres Juges ou Officiers, tant à l'occasion de la Contre bande commise par plusieurs Carabiniers de différentes Com pagnies du Régiment Royal de Carabiniers en Quartier dan ladite Généralité, que du meurtre commis en la personne d'u Carabinier & d'un Employé des Fermes, circonstances & dé pendances, pour être le Procès des Coupables jugé souverai nement & en dernier ressort par ledit Sieur Intendant.

Du 22 Avril 1744.

* Réglement pour l'établissement du Conseil des Prises qu seront faites par ceux qui armeront en course, *contenant seiz articles.*

Du 24 Avril 1744.

* Jugement de la Commission du Conseil établie à Valence qui condamne par contumace Antelme Beraud, dit Garin Fermier du Domaine de Jauvaites, Paroisse de Beunonce e Bugey, à trois années de Galeres, pour avoir donné retrait & fourni des vivres à une troupe de dix Contrebandiers armés conduisant neuf chevaux chargés de Tabac, & les avoir favori d'ailleurs, & contradictoirement Joseph Babollat, dit la Joye dudit lieu de Beunonce, à trois années de Galeres, pour avoi averti les Contrebandiers que les Employés étoient à leur pour suite, & leur avoir servi volontairement de Guide; & Antoin Cotty, dit le Brut, du lieu d'Onglas, au Bannissement pour troi ans de ladite Province de Bugey, pour les cas de faveur par lu prêtés ausdits Contrebandiers.

Du 25 Avril 1744.

* Ordonnance du Roi, concernant le Service extraordinair des Milices Gardes-Côtes des environs de Brest & de l'Orien pendant l'année 1744, *contenant dix-huit articles.*

Du 28 *Avril* 1744.

Arrest du Conseil, qui commet le Sieur Levet, Commis-
e du Conseil à Valence, pour instruire & juger le Procès
nommé Gilbert Fangotier, accusé d'avoir fait la Contre-
ıde & le Faux-Saunage avec attroupement & port d'armes,
emble à ses Complices, Fauteurs, Participes ou Adhérans
dits faits, circonstances & dépendances.

Du 28 *Avril* 1744.

Arrest du Conseil, qui commet M. Barberie de Saint Con-
, Intendant du Duché de Bourgogne, pour instruire & ju-
le Procès aux Auteurs, Complices, Fauteurs & Adhérans
la fausseté d'une Rescription de trois mille livres prétendue
ée par M. Gaultier, Receveur Général des Fermes à Paris,
15 Février précédent, sur le Sieur Chapuzeau de Baugé,
eceveur Général des Fermes à Dijon, & à lui présentée par
Sieur Thomas, Commis à la Direction desdites Fermes de
même Ville; évoque & renvoye pardevant ledit Sieur Indant toutes les Procédures qui peuvent avoir été commen-
es pour raison de ce en la Jurisdiction des Traittes de Dijon
autres.

Du 28 *Avril* 1744.

Jugement de la Commission du Conseil établie à Rheims,
i condamne Jacques Odouin, & Elisabeth Obelianne de
etz à un Bannissement de cinq ans chacun, & solidairement
trois cens livres d'amende envers l'Adjudicataire des Fer-
s du Roi, & en cent livres de dommages & intérêts envers
Employés desdites Fermes.

Du 28 *Avril* 1744.

* Jugement de la Commission du Conseil établie à Rheims,
i condamne Claude Dollé & Pierre Bonnard, ci-devant
nployés des Fermes à Contalmaison, Direction de Saint

Quentin, à être pendus, pour avoir tué à coups de fusils u Fraudeur, conduisant sans armes un cheval chargé de fau Tabac, avoir faussement inséré dans le Procès-verbal, qu'il dresserent ensuite, que ledit Fraudeur, à leur approche, avo tiré un coup de pistolet sur eux.

Du 28 *Avril* 1744.

* Jugement de la Commission du Conseil établie à Valence qui condamne Louis Girard, dit Louison, Fendeur de Bois demeurant dans les Bois d'Epurry, Paroisse de Saint Jean d Leuze & de Saint Emilan en Bourgogne, à être pendu po Contrebande en Tabac & Faux-Saunage, avec attroupemen au nombre de cinq & au-dessus, & port d'armes, & pour le excès, violences, cruautés & vols y exprimés.

Du 29 *Avril* 1744.

* Jugement de la Commission du Conseil établie à Valence qui condamne Simon-Joseph Miodet, dit Choussat, du lieu d Saint Dier en Auvergne, à être pendu pour Contrebande e Tabac & Faux-Saunage, avec attroupement au nombre de cin & au-dessus, & port d'armes, & pour les excès, violences, cruau tés & vols y exprimés.

Du 2 *Mai* 1744.

* Jugement de la Commission du Conseil établie à Valence qui condamne Jean-André Garnisson, Débitant de Tabac Marseille, aux Galeres pour trois années, & en cinq cens livre d'amende, pour avoir eu chez lui du Tabac de Contrebande.

Du 4 *Mai* 1744.

* Jugement de la Commission du Conseil établie à Valence qui condamne par contumace Toussaint Postel, dit la Joye Employé des Fermes du Roi dans la Brigade de Saint Jean de-Lône, & contradictoirement Louis-Charles Remy, Lie tenant de la Brigade du Châtelet en Bourgogne, aux Galere pendan

dant cinq années, pour infidélité & prévarications dans leur ploi.

Du 7 Mai 1744.

Jugement de la Commission du Conseil établie à Valence, lequel Etienne Alexandre, du lieu de Fragny, Paroisse de lard-Pourson en Nivernois, a été condamné en cinq années Galeres & mille livres d'amende, pour Contrebande en Ta-, avec attroupement au nombre de cinq & au-dessus, sans nes, préalablement marqué par l'Exécuteur de la haute Justi-

Du 8 Mai 1744.

Jugement de la Commission du Conseil établie à Valence, lequel Jean-Baptiste Valet, du lieu de Vorouze en Bourgne, a été condamné aux Galeres pour cinq années & en le livres d'amende, pour Contrebande en Tabac & Fauxnage, avec attroupement au nombre de cinq & au-dessus, alablement marqué par l'Exécuteur de la haute Justice.

Du 8 Mai 1744.

Jugement de la Commission du Conseil établie à Valence, lequel Claude Noiselet, dit Barbotte, du lieu de Fragny, oisse de Villard-Pourson en Nivernois, a été condamné aux leres pendant trois années & en cinq cens livres d'amende, ir avoir fait la Contrebande en achetant des quantités conérables de Tabac des Contrebandiers, qu'il a ensuite revendu détail, ledit Noiselet préalablement marqué par l'Exécuteur la haute Justice.

Du 8 Mai 1744.

Arrest du Conseil, qui commet M. l'Intendant de la Généité d'Auch & Pau, pour juger pendant quatre années les faires nées & à naître concernant la Ferme du Tabac dans Pays de Soulle, Basse Navarre, & dans toute l'étendue de Direction de Bayonne, à l'exception de l'Election de Dax;

ſçavoir, les Affaires Civiles, ſauf l'appel au Conſeil, & les Affaires Criminelles, en dernier reſſort.

Du 8 *Mai* 1744.

Arreſt du Conſeil, qui commet le Sieur Colleau, Commiſſaire du Conſeil à Rheims, pour inſtruire & juger le Procès tant au nommé Jean Pouſardin, dit Beauſejour, détenu pour Contrebande dans les Priſons de ladite Ville, qu'à ſes Complices, Fauteurs, Participes ou Adhérans des violences, voyes de fait & mauvais traitemens par eux exercés les 3 & 4 Février 1742 dans le Village de Saint Jean, Pays de Luxembourg, contre les nommés Cuny, Machuré & Jean-François Apel, du Village de Saint Laurent en Vermandois, qui examinoient la conduite dudit Pouſardin & ſes Complices, qui chargeoient du faux Tabac dans ledit Village de Saint Laurent, circonſtances & dépendances.

Du 8 *Mai* 1744.

Arreſt du Conſeil, qui condamne le Sieur Gardon de Pericod & Compagnie, Munitionnaires généraux des Vivres de l'Armée d'Eſpagne en Savoye, au payement d'une ſomme de ſept mille cent neuf livres ſix deniers pour Droits de Sortie des Grains qu'ils ont fait paſſer ſur le Rhône & par terre pour ladite Armée en Savoye, dont ils ſe prétendoient exempts, en vertu de Paſſeports qui leur accordoient ſeulement la permiſſion de faire ſortir leſdits Grains du Royaume.

Du 8 *Mai* 1744.

* Arreſt du Conſeil, qui exempte des Droits attribués à la Communauté des Marchands Bonnetiers de Paris, les Marchandiſes de Bonneterie envoyées dans ladite Ville pour paſſer debout, & preſcrit les formalités à obſerver pour en aſſurer la ſortie.

Du 8 Mai 1744.

Arrest du Conseil, qui en casse deux du Parlement de Dijon es 4 Mars 1743 & 20 Mars 1744, pour avoir admis la preuve estimoniale, tendante à détruire un Procès-verbal des Emloyés par d'autres voyes que celle de l'inscription de faux; rdonne l'exécution d'une Sentence de la Jurisdiction des Traittes de Châlon-sur-Saone du 9 Juin 1742, par laquelle le ommé Credot, Marchand, demeurant à Periquy au Comté e Bourgogne, a été condamné en trois cens livres d'amende, : en la confiscation d'un cheval sur lui saisi pour avoir passé : Bureau de sortie sans en avoir payé les Droits; & le conamne aux dépens faits au Parlement de Dijon.

Du 11 Mai 1744.

* Arrest du Parlement de Bretagne en forme de Réglement, endu sur les conclusions de M. le Procureur Général, qui enoint aux Juges des Traittes de Nantes de prononcer à l'avenir ır les Procès-verbaux des Employés des Fermes du Roi, ûment faits & affirmés, toutes condamnations, soit d'amendes u peines afflictives, aux termes des Ordonnances, Déclaraons du Roi & Réglemens; de se conformer, pour l'instruction : Jugement des Affaires desdites Fermes, tant en matiéres cilles que criminelles, ausdites Ordonnances & Réglemens: ur fait défenses, & à tous autres Juges, de recevoir les affirıations desdits Procès-verbaux sur des Cahiers séparés; leur enoint de les rapporter, & signer au pied desdits Procès-verbaux : sans frais, aux termes de l'Article VIII. du Titre II. de Ordonnance du mois de Février 1687, & autres Réglemens; : même que de prononcer la conversion des amendes en peines fflictives sur la Requête du Fermier, & sans frais: de se conrmer pareillement aux Arrests & Réglemens de ladite Cour, our vacations qui leur sont accordées par iceux; le tout sur s peines portées par ledit Arrest.

Du 11 *Mai* 1744.

* Jugement de la Commiſſion du Conſeil établie à Valence; qui condamne Antoine Robeot, du lieu de Reuquin, Lieutenant de la Brigade ambulante des Fermes à Dijon, à cinq ans de Galeres; & Jacques Champy, de la Ville d'Auxonne, Capitaine de la même Brigade, aux Galeres pendant trois ans, pour prévarications dans leur Emploi.

Du 13 *Mai* 1744.

* Jugement de la Commiſſion du Conſeil établie à Valence; qui condamne Joſeph Guffray, dit Cochattaz, du lieu d'Ambutrix, Paroiſſe de Vaux en Bugey, aux Galeres pour neuf années, & François Cattrat, Vigneron du même lieu, aux Galéres pendant trois ans, pour rebellion faite à deux Employés des Fermes du Roi.

Du 13 *Mai* 1744.

* Jugement de la Commiſſion du Conſeil établie à Rheims; qui condamne Louis Bœuf, dit Bulé; François Raicourt, dit le Marquis de Carabaſſe, & Joſeph Flambeau, à la flétriſſure & aux Galeres perpétuelles; & en outre, leſdits Bœuf & Raicourt à être préalablement fuſtigés la corde au col, pour crime de Contrebande avec attroupement, & avoir voulu, à main armée, enlever des mains des Employés des Fermes un Contrebandier par eux arrêté.

Du 16 *Mai* 1744.

* Arreſt du Conſeil & Lettres Patentes, qui déclarent communs pour le droit de ſubvention par doublement, l'Arreſt du Conſeil & Lettres Patentes des 28 Décembre 1723 & 3 Février 1724, en ce qui concerne la conſignation des Droits lorſque les Vins paſſent d'un Pays d'Aydes dans un Pays de même qualité, & d'un Pays exempt des Aydes dans un de pareille

qualité, pourvû que lesdits Vins n'empruntent que trois lieuës au plus du terrain sujet aux Aydes. *Regiſtrés en la Cour des Aydes de Paris le 20 Mars 1744, & en celle de Rouen le 6 Juillet ſuivant.*

Du 16 Mai 1744.

Arreſt du Conſeil, qui caſſe une Sentence de l'Election de Pontaudemer du 23 Janvier précédent, pour avoir renvoyé abſous & ſans dépens le nommé Godefroy, Débitant de Tabac à Routot, ſous prétexte que les Employés ne l'ont pas ſurpris vendant du Tabac rapé; confiſque vingt-un petits paquets de Tabac rapé, d'une demie once chacun, ſaiſi chez ledit Godefroy le 13 Novembre 1743, & le condamne en mille livres d'amende & aux dépens faits en l'Election de Ponteaudemer.

Du 16 Mai 1744.

Arreſt du Conſeil, ſur la Requête de Jacques Forceville, Adjudicataire des Fermes Générales Unies, tendante à la caſſation d'une Sentence du Juge des Traittes de Grandville du 23 Juillet 1743, & d'un Arreſt de la Cour des Aydes de Rouen, confirmatif d'icelle, du 20 Mars ſuivant, pour avoir déchargé le Sieur Lucas Grandjardin, Armateur de Granville, du payement du Droit de conſommation ſur ſix cens morues ſéches par lui envoyées de Grandville à Saint Malo, ſous prétexte que ce Droit ne peut être perçû que ſur le Poiſſon qui ſe conſomme dans l'intérieur de la Ferme, nonobſtant les Articles IX. & XIII. de l'Ordonnance des Fermes de 1680, Titre des Droits d'abord & conſommation; ordonne que la Requête du Fermier ſera communiquée, tant audit Sieur Grandjardin, qu'aux Marchands de ladite Ville de Grandville intervenus dans l'Inſtance, pour y fournir de réponſe dans le délai de l'Ordonnance, ſinon ſera fait droit aux Parties ainſi qu'il appartiendra.

Du 16 Mai 1744.

Jugement de la Commiſſion du Conſeil établie à Saumur, qui condamne Pierre & Jean Burlot, pere & fils, Meuniers du Moulin de la Haye-Besson, à être mis au Carcan; pour cause de rebellion par eux faite aux Employés des Fermes dans les fonctions de leur Emploi.

Du 19 Mai 1744.

* Délibération de la Compagnie, concernant les gratifications d'excédent de Ventes de Tabac qui auront lieu pendant le Bail de Thibault Larue, *contenant treize articles.*

Du 20 Mai 1744.

* Arrest du Conseil, qui ordonne que les Négocians & Armateurs, Maîtres & Equipages des Navires qui peuvent avoir été préparés pour être envoyés à la Pêche, & qui ne peuvent être expédiés à cause de la Déclaration de Guerre faite à l'Angleterre, seront & demeureront respectivement déchargés des engagemens par eux pris.

Du 21 Mai 1744.

* Ordonnance du Roi, portant Réglement pour la distribution des Passeport de Guerre, *contenant seize articles.*

Du 21 Mai 1744.

* Jugement de la Commission du Conseil établie à Valence, qui condamne Pierre Mariche, Marguillier du lieu de Montagny, près Seurre en Bourgogne, en deux cens livres d'amende, pour avoir souffert l'Entrepôt de Marchandises de Contrebande en Indiennes dans la Sacristie de l'Eglise dudit lieu.

Du 21 Mai 1744.

* Jugement de la Commission du Conseil établie à Valence, par lequel Henry Despras, Cabaretier au Fauxbourg Saint Nicolas de la Ville de Beaune, a été condamné en mille livres d'amende, pour avoir donné retraite, fourni des vivres & favorisé des Contrebandiers.

Du 30 Mai 1744.

Arrest du Conseil, sur la Requête de Jacques Forceville, Adjudicataire des Fermes Générales Unies, tendante à la cassation de deux Sentences des Elections de Caudebec & Valognes, des premier & 4 Février précédent, pour avoir déchargé de la demande du Fermier les veuves Lepinay & Berubé, Débitantes du Tabac à Valognes & Caudebec, chez lesquelles il a été saisi du Tabac rapé les 30 Octobre & 5 Janvier précédens, sous prétexte que ce Tabac étoit pour leur provision, & qu'elles n'ont point été surprises vendant; ordonne que la Requête du Fermier leur sera communiquée pour y fournir de réponse dans les délais de l'Ordonnance, sinon sera fait droit, toutes choses demeurant en état.

Du 30 Mai 1744.

Arrest du Conseil, sur la Requête de Jacques Forceville, Adjudicataire des Fermes Générales Unies & de celle du Tabac, qui évoque une saisie de trois voitures de Tabac de la Ferme, faute de payement de prétendus Droits de Péage ou Travers, au Passage de Longues-Eaux près Amiens, ainsi que l'assignation donnée aux Conducteurs desdits Tabacs le 30 Mars précédent devant le Juge de la Baronnie de Boucs, à la Requête du nommé Charles Vuallet, Fermier des Péages de ladite Baronnie; ordonne que ladite Requête sera communiquée audit Vuallet pour y fournir de réponse dans les délais de l'Ordonnance, toutes choses demeurant en état.

Du 2 Juin 1744.

* Arrest du Conseil, qui fixe à vingt-cinq livres du cent pesant les Droits sur les Peaux de Moutons & sur les Peaux d'Agneaux en laine qui sortiront du Royaume à la destination du Pays Etranger.

Du 2 Juin 1744.

Arrest du Conseil, qui décharge le Sieur de Rougemont, originaire Suisse, Banquier à Paris, de l'amende de trois mille livres contre lui prononcée par autre Arrest du Conseil du 31 Mars précédent, lequel sera au surplus exécuté pour la confiscation de deux cens quarante aunes de Gaze de soye adressée audit Sieur de Rougemont à son insçû, & arrêtée au Bureau de la Douanne par l'Inspecteur des Manufactures, faute de Plomb de Fabrique.

Du 5 Juin 1744.

* Arrest du Conseil, qui permet, pendant la Guerre, la sortie & transport des Manufactures, & l'entrée des Matiéres servant à la fabrication d'icelles, de la Flandre Françoise par les Ports y désignés, & en observant les formalités prescrites par ledit Arrest.

Du 5 Juin 1744.

* Jugement de la Commission du Conseil établie à Rheims, qui condamne Jean Ponsardin, dit Beausejour, à être fustigé la corde au col dans tous les Carrefours de ladite Ville, flétri, & aux Galeres à perpétuité, pour excès, violences, voyes de fait, Contrebande, &c.

Du 17 Juin 1744.

* Jugement de la Commission du Conseil établie à Rheims, qui condamne Nicolas Drouet, du Village de Sery, Cavalier dans le Régiment d'Egmont, à la peine de mort; Jean-Baptiste Laclaire, Boucher à Nouvion en Portien, au fouet, à la flétrissure & aux Galeres pour neuf ans; Louis de Sailly, dit Saint Louis, dudit lieu de Nouvion, Cavalier dans le Régiment de Canielle, au bannissement pour neuf ans; Jeanne-Marie Laclaire, fille majeure dudit Village de Nouvion, au bannissement pour cinq ans; & Etienne Mor, Laboureur audit Nouvion,

vion, au Carcan, pour rebellion faite aux Employés des Fermes dans ledit Village de Nouvion, & les violences & mauvais traitemens par eux exercés.

Du 19 Juin 1744.

Arrest du Conseil, qui évoque & renvoye pardevant M. l'Intendant de Rouen, les Procédures commencées devant le Lieutenant Général du Bailliage de Vernon contre le nommé le Tourneur, Employé dans les Fermes au Pont de l'Arche, emprisonné, pour raison d'un tumulte arrivé dans l'Eglise de Sainte Geneviéve de ladite Ville, à l'occasion d'une fille vêtue d'Indienne que deux Employés voulurent arrêter, & qui se refugia dans l'Eglise, où ledit le Tourneur la poursuivit l'épée nue à la main, circonstances & dépendances, pour être le Procès dudit le Tourneur, & ses Complices, instruit & jugé par ledit Sieur Intendant.

Du 19 Juin 1744.

Arrest du Conseil, qui évoque & renvoye pardevant M. l'Intendant de Picardie & Artois, les contestations civiles nées & à naître, ainsi que les saisies faites & à faire en exécution, tant de l'Arrest du Conseil du 3 Mars précédent, portant réduction à cinq sols par piéce de quinze aunes le Droit d'Entrée, qui étoit de 40 sols, sur les Toilles Batistes écrues, de Cambray, & autres Villes & Lieux du Pays conquis, que de celui du 16 Mai 1737, pour la Marque que les Fabriquans, Tisserands ou Mulquiniers sont obligés de mettre ou faire mettre sur lesdites Toilles qu'ils fabriquent ou font fabriquer, sauf l'appel au Conseil des Jugemens qui seront rendus par ledit Sieur Intendant.

Du 19 Juin 1744.

* Arrest du Conseil, qui condamne le Sieur Helie, Maître de la Verrerie du Hellet, en trois cens livres d'amende, pour avoir fait entrer dans Paris plusieurs voitures de Verres en contravention à l'Arrest du Conseil du 19 Août 1743, portant Réglement pour l'Entrée & conduite des Verreries au Magasin établi à Paris par les Maîtres Vitriers.

Du 19 Juin 1744.

* Arrest du Conseil, qui ordonne l'exécution de deux Arrests du Conseil du 25 Février 1744; en conséquence, fait défenses aux Tondeurs de Draps ou autres, ausquels il sera confié des Draps, ou autres Etoffes, pour les tondre ou les apprêter, d'y employer aucune sorte d'huille ou graisse, même du sain-doux de Porc.

Du 19 Juin 1744.

* Arrest du Conseil, Statuts & Réglemens pour la Communauté des Maîtres Marchands & Maîtres Ouvriers, à façon, en Etoffes d'or, d'argent & de soye, & autres mêlées de soye, laine, poil, fil & coton de la Ville & Fauxbourgs de Lyon, & pour la Fabrique desdites Etoffes, *contenant quatorze Titres & cent quatre-vingt-dix-sept Articles*, dont le cinquiéme du Titre douze défend aux Collecteurs des Tailles, de l'Impôt du Sel, & à tous autres Receveurs de deniers Royaux, de faire enlever, pour raison du recouvrement d'iceux, les soyes, dorures, & autres matiéres propres & préparées pour les Manufactures des Draps d'or, d'argent & de soye de la Ville de Lyon, qui se trouveront chez les Maîtres Ouvriers, à façon, Teinturiers, Mouliniers, Ecacheurs & Filleurs d'or & d'argent, Plyeurs de soye & autres, non plus que les Métiers, Moulins & autres Ustensiles servant ausdites Manufactures, lorsqu'ils seront chargés desdites soyes, dorures & autres matiéres, & serviront actuellement ausdites Manufactures; & à tous Huissiers & Sergens de faire lesdits enlevemens, à peine d'interdiction de leurs Charges & de cinq cens livres d'amende.

Du 19 Juin 1744.

* Arrest du Conseil, qui ordonne que les Officiers de l'Election de Paris procéderont à la levée des Scellés apposés sur les Effets du feu Sieur le Blanc, ci-devant Receveur des Entrées de Paris au Bureau du Port Saint Nicolas, après toutefois que ceux apposés par le Sieur de Courcy, Commissaire au Châtelet,

auront été par lui reconnus; à l'effet de quoi il sera tenu de comparoître à la premiere sommation qui lui en sera faite, sinon, & à faute de ce faire, que lesdits Scellés seront brisés & rompus, après avoir été préalablement reconnus sains & entiers, pour être ensuite procédé par lesdits Officiers de l'Election à l'inventaire & description desdits Effets, & Jugement des contestations qui pourront se former à ce sujet, le tout en la maniére accoutumée.

Fait défenses aux Officiers du Châtelet de troubler ceux de l'Election, & à tous Juges, autres que ceux des Aydes, Gabelles, Traittes, & autres Fermes de Sa Majesté, d'apposer aucuns Scellés sur les Caisses & Effets des Receveurs & autres Comptables desdites Fermes, soit en cas de mort ou autrement; & de s'immiscer à l'avenir dans la connoissance des Affaires concernant les Fermes, à moins qu'ils n'en soient requis par les Fermiers ou Régisseurs, leurs Procureurs ou Commis; le tout à peine de nullité, & de tous dépens, dommages & intérêts, & sous telles autres peines qu'il appartiendra, Sa Majesté en attribuant, en tant que de besoin, la connoissance ausdits Juges des Fermes, à l'exclusion de tous autres, sauf l'appel de leurs Jugemens à la Cour des Aydes.

Du 19 Juin 1744.

* Sentence de Police, qui déclare bonne & valable la saisie de douze sacs d'Avoine faite sur le nommé Largeau, Marchand de Grains, & le condamne en l'amende, pour avoir vendu ladite Avoine en contravention aux Déclarations du Roi & aux Réglemens de Police, qui obligent de conduire les Grains aux Halles pour y être vendus.

Du 26 Juin 1744.

* Jugement de la Commission du Conseil établie à Rheims, qui condamne Joseph Boucher, dit Chevalier, à être rompu vif, pour avoir poignardé & assassiné sur le grand chemin la nommée Claude Poilblanc, femme du Sieur Jean-Baptiste Richard, Juge-Bailly de Bericourt, & l'avoir ensuite dépouillée

& volée; pour avoir, lui cinquiéme, de dessein prémédité, assassiné un Employé des Fermes du Roi dans la Ferme de Saint Montant, en avoir blessé un autre, & les avoir volés; & condamne aussi la nommée Manon, ou Nanon, à être pendue, pour complicité desdits assassinat & vol commis en la personne de la femme Richard.

Du 30 Juin 1744.

Ordonnance du Roi, portant que celle du 21 Mai précédent, concernant les Passeports de Guerre, n'aura son exécution qu'à compter du premier Août suivant, au lieu du premier Juin.

Du 3 Juillet 1744.

* Arrest du Conseil, qui fait défenses aux Gentilshommes, & autres Ouvriers, de quitter le service de la Manufacture de Sevres; & à tous Maîtres de Verreries, & autres personnes, de les recevoir à leur service, à peine de trois mille livres d'amende, & d'être procédé extraordinairement, tant contre ceux qui auront déserté ladite Verrerie, que contre ceux qui les auront subornés.

Du 4 Juillet 1744.

* Jugement de la Commission du Conseil établie à Rheims; qui condamne Charles Dardard, se disant Laboureur du Village de Remonville en Champagne, à être flétry des lettres G. A. L. & aux Galeres à perpétuité, pour les mauvais traitemens, violences & excès par lui commis dans les lieux de Saint Jean & Hau, sur les nommés Appel & Machuré.

Du 4 Juillet 1744.

* Jugement de la Commission du Conseil établie à Rheims; qui condamne François Terrier, ci-devant Employé des Fermes du Roi en la Ville d'Etaples, à être marqué des lettres G. A. L. & à servir sur les Galeres à perpétuité, pour prévarication & infidélité dans les fonctions de son Emploi.

Du 9 Juillet 1744.

* Arrest du Conseil, portant que les Commis & Préposés à la Régie des Biens des Religionnaires fugitifs, jouiront de l'Exemption du Logement des Gens de Guerre, ainsi qu'en jouissent les Employés aux Affaires de Sa Majesté, & défend aux Maires, Echevins & Officiers des Villes d'en donner aucuns chez lesdits Commis & Préposés.

Du 10 Juillet 1744.

* Arrest contradictoire du Conseil, qui décharge les Intéressés en la Manufacture Royale des Glaces des Droits rétablis par Edit du mois de Décembre 1743, sur le Pavé & le Plâtre à l'usage de leur Fabrique.

Du 10 Juillet 1744.

* Arrest du Conseil, portant que tous Exploits de saisies, oppositions ou empêchemens à la délivrance & payement des sommes assignées & employées dans les Etats du Roi, expédiés pour la distribution des deniers des Fermes, remboursement des avances des Fermiers, & tous autres remboursemens de charges & dépenses concernant la Régie desdites Fermes, seront visés & paraphés sans frais par le Sieur Maiziere, Receveur Général desdites Fermes; & fait défenses à tous Huissiers & Sergens de mettre à exécution aucuns Arrests, Sentences, Exécutoires & Contraintes contre lesdits Fermiers & leurs Cautions, pour raison desdites Fermes, qu'après avoir remis & laissé pendant huitaine lesdits Exploits de Saisies, Oppositions, Arrêts, Sentences, Jugemens, & autres Piéces dont ils seront porteurs, ès mains dudit Sieur Maiziere ou ses successeurs, à peine de trois mille livres d'amende, & de tous dépens, dommages & intérêts.

Du 10 Juillet 1744.

Arrest du Conseil, portant que Jacques Forceville, Adjudicataire des Fermes Générales Unies, sera remboursé de la somme de deux cens cinquante trois mille cent quatre-vingt-treize livres dix-neuf sols six deniers, à laquelle montent les payemens faits des deniers de la cinquiéme année de son Bail, pour supplément des Rentes des Paroisses de Paris, Versailles, Marly & Saint Germain en Laye; indemnités des réductions faites des nouvelles Rentes desdites Paroisses de Paris, sur les Aydes & Gabelles, & sur les Tailles; Remédes fournis par le Sieur Helvetius, & envois d'iceux dans les Provinces; Ouvrages & Réparations faites dans différens Bureaux & Manufactures; Droits accordés à la Ville de Lyon, Gratifications, Augmentations de Salaires aux Mesureurs de Sel du Grenier de Paris, & autres dépenses mentionnées audit Arrest.

Du 10 Juillet 1744.

Arrest du Conseil, sur la Requête de Jacques Forceville, Adjudicataire des Fermes Générales Unies, tendante à la cassation de celui de la Cour des Aydes de Rouen du 28 Février précédent, par lequel, en prononçant la confiscation de quatre livres de Tabac de fraude saisi au domicile du nommé Tollevast, Laboureur, de la Paroisse de Thieuville, Election de Valogne, n'a prononcé que vingt-cinq livres d'amende contre ledit Tollevast, au lieu de celle de mille livres, par lui encourue, & ce sous prétexte que l'endroit de la maison où la saisie a été faite ne fermoit point à clef lors de la saisie; ordonne que M. le Procureur Général de ladite Cour des Aydes de Rouen envoyera au Conseil les motifs dudit Arrest, pour iceux vûs & rapportés, être ordonné ce qu'il appartiendra.

Du 10 Juillet 1744.

* Arrest du Conseil, qui prescrit les formalités à observer pour parvenir à la liquidation des Droits de la Traitte Domaniale de

antes & Droits de Passeports, dont moitié appartiennent au oi, & l'autre à M. le Marquis de Dreux, à titre d'Engagement à vie sur les Bois & Charbons qui passeront en franchise .r ladite Ville, pour le compte de Sa Majesté.

Du 15 Juillet 1744.

Ordonnance de M. l'Intendant en Flandres & des Armées Roi, qui leve les défenses portées par l'Arrêt du Conseil du Mars 1742, au sujet des Toilles de fil rayées ou teintes qui fabriquent dans les Villes & Départemens d'Ypres, Menin, ourtray & Furnes, & permet l'entrée desdites Toilles sans yer aucuns Droits d'Entrée.

Du 16 Juillet 1744.

* Ordonnance de M. l'Intendant de la Généralité de Bours, qui décharge les Directeurs & Commis aux Aydes de la ille d'Issoudun de l'Imposition faite sur eux, pour réparation construction du Pont de ladite Ville, conformément à la écision de Monseigneur le Controlleur Général, du 7 Février 744.

Du 17 Juillet 1744.

* Arrest du Conseil, qui déclare le Sieur Christophe Garvey, égociant à Rouen, non-recevable dans son opposition à cedu 8 Novembre 1740, par lequel il a été condamné en la nfiscation de vingt-cinq mille livres pesant de Sel de verre, 'il avoit fait venir d'Angleterre à Rouen, en contravention Arrest du Conseil du 6 Septembre 1701, portant Réglement ur le Commerce avec l'Angleterre.

Du 17 Juillet 1744.

Arrest du Conseil, qui défend à tous Marchands, Négocians, ommissionnaires & autres, d'introduire, ou faire introduire ns la Ville de Bordeaux, sous la dénomination de Vins de ille de retour, ou sous quelqu'autre dénomination que ce soit, des Vins d'Espagne ou autres de l'Etranger, logés dans de futailles de jauge Bordeloise, à peine de confiscation desdi Vins, lesquels seront renversés & jettés dans la Riviere, & le Contrevenans condamnés au payement des Droits que lesdi Vins auroient acquittés s'ils avoient été déclarés du Cru d'o ils seront reconnus provenir, & en vingt-cinq livres d'amend pour chaque barrique ou futaille saisie; défend pareillemen aufdits Marchands, Négocians, Commissionnaires & autres de couper ou mêler les Vins de Bordeaux avec des Vins Etrar gers, à peine de confiscation desdits Vins, qui seront aussi jetté dans la Riviere, & les Contrevenans condamnés au payemen des Droits de Sortie desdits Vins, comme s'ils avoient été en voyés à l'Etranger, & en l'amende portée par les Statuts d Bordeaux; & pour prévenir les coupemens qui pourroient êtr faits desdits Vins d'Espagne, qui logés dans des futailles autre que de jauge Bordeloise, seroient déchargés dans le Port d Bordeaux, ordonne qu'indépendamment de la déclaration qu en doit être faite au Bureau des Fermes, lesdits Vins seron déclarés à l'Hôtel commun de la Ville de Bordeaux, sous le mêmes peines, & relativement à ce qui se pratique pour le Vins de Languedoc & du Haut Pays, suivant les Réglemen sur ce faits, lesquels seront exécutés, tant pour lesdites déclara tions, que pour ce qui concerne l'étendue circonscrite & li mitée pour les Vins de Languedoc & du Haut Pays.

Du 24 Juillet 1744.

* Arrest du Conseil, qui, en dérogeant à l'Article XIII. d Réglement du 20 Juin 1741, concernant les Serges, Dro guets, Baracans & autres Etoffes qui se fabriquent en Picardie permet aux Fabriquans de Baracans d'Abbeville de n'employe à la chaîne des Baracans superfins blancs, destinés à être teints que cinquante-sept portées de vingt-deux fils chacune, au lie de cinquante cinq portées de vingt-quatre fils.

Du 24 Juillet 1744.

* Arrest du Conseil, qui ordonne l'exécution de celui d

6 Juillet 1666, concernant le Poisson salé entrant en Provence, ainsi que d'une Sentence de la Maîtrise des Ports de Marseille du 19 Juin 1743, au chef qui juge que le Droit de six sols par baril de Sardines salées, Angeois & Maquereaux du poids de vingt livres, sera acquitté au poids de Table; infirme ladite Sentence, en ce qu'elle décharge dudit Droit les Sardines pressées & séchées, dites Harancades; & ordonne que le Droit sera perçû sur lesdites Harancades comme sur l'autre Poisson, au poids de Table.

Du 24 Juillet 1744.

Arrest du Conseil, qui casse deux Sentences de l'Election de Laon des 14 Février & 24 Mars précédens, pour avoir relâché des Prisons la nommée Marie-Claude Crabouillet fille, arrêtée sur le Rempart de la Ville de Laon avec environ onze livres de Tabac de fraude, condamné le Fermier à lui payer une somme de dix livres par forme de provision ou d'alimens pour faire ses couches dans la Prison, à lui fournir le linge nécessaire pour son enfant, & à payer les frais de Noutice de cet enfant, dont elle avoit déclaré un Garçon Menuisier être le pere, & ce sous prétexte de prétendues nullités & moyens qu'elle faisoit consister, 1°. En ce qu'elle étoit domiciliée dans la Ville, quoiqu'elle ne fût qu'Ouvriere d'un Village des environs. 2°. Que les Employés saisissans lui ont fait insulte en la fouillant. 3°. Qu'ils n'ont pas dit dans l'intitulé de leur Procès verbal qu'ils étoient pour les Fermes du Roi. 4°. Qu'ils n'y ont pas fait mention que les trois carottes, façon de Saint Vincent, étoient de Tabac. 5°. Que cette fille n'a point été arrêtée de la part du Roi. 6°. Qu'elle n'a point été sommée au Bureau de l'Entreposeur où le Tabac a été déposé, de reconnoître si le Tabac que l'on pesoit étoit celui saisi. 7°. Que le Commis qui faisoit les fonctions de l'Entreposeur en son absence, n'avoit point serment en Justice. Le Conseil, sans s'arrêter à de pareilles nullités & moyens, a prononcé l'amende de mille livres encourue par ladite Crabouillet, l'a condamnée aux dépens faits en l'Election de Laon, & à restituer les dix livres de provision par elle reçûs en vertu de la Sentence du 24 Mars 1744.

Du 31 Juillet 1744.

Arrest du Conseil, qui ordonne que le Sieur Barillon, chargé de la Recette générale du Droit de demi pour cent qui se perçoit sur les Marchandises venant des Isles & Colonies Françoises de l'Amérique, remettra à la Caisse des Fermes Générales Unies une somme de quarante-un mille cent vingt-une livres six sols neuf deniers avancée par les Intéressés au Bail de Jacques Forceville, Adjudicataire desdites Fermes, pour l'utilité des Manufactures & du Commerce, en conséquence de plusieurs Décisions du Conseil.

Du 7 Aoust 1744.

* Arrest du Conseil, portant Réglement sur le fait des Marchandises provenant des Prises faites en Mer sur les Ennemis de l'Etat, *contenant trente-deux articles.*

Du 7 Aoust 1744.

* Arrest du Conseil, qui déboute, tant les Prevôt des Marchands & Echevins de Lyon, le Sieur Carie Négociant à Nantes, & la Chambre du Commerce de Lyon, que les Marchands de Rennes, & les Chanoines, Chapitre & Habitans de Cande & de Monsereau, de leurs demandes; maintient & garde les Engagistes au droit & possession de percevoir le Droit de Traitte par terre & Imposition Foraine sur toutes les Marchandises & Denrées indistinctement & sans exception, de quelques Pays & Provinces du Royaume qu'elles viennent, passant par l'Anjou, Vicomté de Thouars & de Beaumont, pour être menés en Bretagne, à l'Etranger & dans les Pays où les Aydes n'ont cours; ensemble ceux du Trépas de Loir, aussi sur toutes les Marchandises montant, descendant ou traversant la Riviere de Loire, depuis le Port du Cande jusqu'à Ancenis; permet ausdits Engagistes de faire percevoir lesdits Droits au Bureau de Tourfou, faisant à cet égard mainlevée des défenses portées par l'Ordonnance de M. l'Intendant

le Tours; leur permet d'établir leurs Employés & Commis dans tous les Bureaux de l'étendue de leur aliénation, où se sera la perception des Droits de Sa Majesté; ordonne que les Fermiers & Commis desdits Engagistes jouiront desdits Droits, Priviléges & Exemptions à eux accordés par l'Arrest du 15 Juin 1658, dont il ordonne l'exécution; ordonne qu'il sera procédé incessamment à la confection d'un nouveau Tarif, & cependant, par provision, ordonne que les Droits continueront d'être perçûs sur le pied du Tarif arrêté le 27 Octobre 1632.

Du 7 Aoust 1744.

Arrest du Conseil, qui autorise pour l'avenir l'usage ci-devant pratiqué au Port de Bordeaux de faire transporter les Vins d'un Fauxbourg à l'autre de ladite Ville sur la Riviere, sans congé ni permission du Fermier, & ce pendant le jour seulement, sans que cette faculté puisse avoir lieu pendant la nuit, non plus que le déchargement des Marchandises, en quelque tems que ce soit, sauf les cas extraordinaires & urgens, pour lesquels les Propriétaires des Marchandises seront tenus de prendre du Fermier ou de ses Commis les congés & permissions nécessaires, & pour prévenir l'abus à cet égard, défend à tous Marchands, Propriétaires & Voituriers par eau de charger ou décharger, sans une permission expresse du Fermier, aucuns Vins ou autres Marchandises sujettes aux Droits, pendant la nuit, & à heure indue, mais seulement depuis cinq heures du matin jusqu'à sept heures du soir, à compter du premier Mars jusqu'au premier Octobre, & depuis sept heures du matin jusqu'à cinq heures du soir, depuis le premier Octobre jusqu'au premier Mars, le tout à peine de confiscation des Marchandises, Vaisseaux, Barques, Batteaux & Equipages, & de deux cens livres d'amende.

Du 7 Aoust 1744.

Arrest contradictoire du Conseil, qui liquide à la somme de trois cens quarante neuf livres dix-huit sols cinq deniers l'indemnité demandée par M. de Tranqualye, Conseiller au Parlement de Toulouse, pour raison du Droit d'Apuy, dommages par lui soufferts & autres prétentions à l'occasion des dégradations ou détériorations faites à une Maison à lui apartenante, à côté de la Manufacture du Tabac de ladite Ville, lors des réparations qui y ont été faites, laquelle somme de trois cens quarante-neuf livres dix-huit sols sera payée par Jacques Forceville, Adjudicataire des Fermes Générales Unies, ensemble celle de cinquante livres, pour les frais faits par ledit Sieur de Tranqualye dans la contestation mue à ce sujet, & sur le surplus des demandes, met les Parties hors de Cour & de Procès.

Du 7 Aoust 1744.

* Arrest du Conseil, qui ordonne que les Caisses des Marchandises & Etoffes précieuses pourront être couvertes avec de la toille grasse ou raisinée, & qu'en cas qu'elles soient gâtées ou avariées dans la route, les Entrepreneurs des Coches & Messageries, Voituriers & autres qui s'en seront chargés, en seront responsables.

Du 14 Aoust 1744.

* Arrest du Conseil & Lettres Patentes, portant Réglement pour empêcher les abus & fraudes sur les Marchandises du Commerce des Isles & Colonies Françoises de l'Amérique qui jouissent du bénéfice de la restitution des Droits, lorsqu'elles sont portées à l'Etranger, & sur celles qui jouissent de la faculté du transit dans le Royaume, *contenant dix articles.*

Registrées en la Cour des Aydes de Paris, le 24 Novembre 1744; en celle de Rouen, les 13 & 20 Novembre; en celle de Bordeaux, le 2 Décembre; en celle de Clermont-Ferrand, le 7 dudit; en celle de Montpellier, le 9 dudit; en celle de Montauban, le 15 dudit; en celle d'Aix, le 2 dudit; & en celle de Dole, le 16 Novembre; au Parlement de Dijon, le 5 Décembre; en celui de Grenoble, le 30 Octobre; en celui de Rennes, le 3 Décembre; en celui de Pau, le 4 dudit; en celui de Metz, le 12 Novembre; & au Conseil Supérieur de Roussillon à Perpignan, le 7 Novembre, le tout de la même année 1744.

Du 14 *Aoust* 1744.

Arrest du Conseil, qui confisque les Tabacs rapés, Moulin, Balances & autres ustensiles saisis par trois Procès-verbaux, tant du Sieur Merlin, Commissaire au Châtelet, que des Employés des Fermes du 27 Juillet précédent dans l'Hôtel des Mousquetaires Noirs, rue de Charonne, Fauxbourg Saint Antoine, dans les chambres du Portier & du Concierge dudit Hôtel; les condamne solidairement chacun en mille livres d'amende, & à remettre à l'Adjudicataire des Fermes, dans le jour de la signification dudit Arrest, lesdits Tabacs & ustensiles, sinon, & à faute de ce faire, les condamne aussi solidairement au payement d'une somme de trois mille livres pour la valeur desdits Tabacs & ustensiles.

Du 14 *Aoust* 1744.

Arrest du Conseil, qui ordonne l'exécution de l'Article I. du Titre II. de l'Ordonnance de 1687 sous les peines y contenues, & en conséquence, que tous les Ballots de Marchandises de Draperie & autres, apportées dans la Ville d'Amiens, seront à leur arrivée, & avant que d'être portées à la Halle Foraine, directement conduites & déchargées au Bureau des Fermes de ladite Ville, & ce nonobstant les dispositions portées par les Arrests du Conseil des 19 Aoust 1739 & 3 Mars 1744, par lesquels lesdites Marchandises devoient être conduites directement à la Halle.

Du 20 *Aoust* 1744.

* Jugement de la Commission du Conseil, établie à Valence, par lequel Jacques Roux, ci-devant Garde sedentaire à la Palisse en Bourbonnois, a été condamné à cinq années de bannissement hors des Provinces de l'étendue de la Commission; & Claude Thomin Duretour, aussi Garde sedentaire à la Palisse, de même que François Jacquet, aussi Employé, ont été bannis pour trois ans des mêmes Provinces, pour avoir exigé une

somme de cent trente-deux livres, pour remettre en liberté le nommé Martin Ligogne, décrété de prise de corps à la Commission, qu'ils avoient arrêté.

Du 21 Aoust 1744.

*Arrest du Conseil, entre les Officiers en la Manufacture Royale des Glaces établie à Paris & à Saint Gobin, & les Entrepreneurs du Canal de Picardie, qui renvoye les Parties en la Grande Direction des Finances, sur la cassation d'un Arrest du Parlement du 29 Février 1744, par lequel les Intéressés en la Manufacture des Glaces ont été condamnés au payement des Droits de Péage du Canal de Picardie.

Du 21 Aoust 1744.

Arrest contradictoire du Conseil, qui casse une Sentence de l'Election de Caudebec du premier Février précédent, pour avoir renvoyé de la demande du Fermier la veuve Berubé, Débitante à Bolbec, chez laquelle il a été saisi cinq livres de Tabac rapé, & ce sous prétexte que ce Tabac étoit pour sa provision, & qu'elle n'a point été surprise vendant; confisque le Tabac, & la condamne en l'amende de mille livres par elle encourue, avec défenses aux Officiers de ladite Election, & à tous autres, de rendre de pareilles Sentences, à peine d'interdiction, & de tous dépens, dommages & intérêts.

Du 21 Aoust 1744.

Arrest du Conseil, qui commet M. de Tourny, successeur de M. Boucher à l'Intendance de la Généralité de Bordeaux, pour l'exécution de celui du 27 Janvier 1728, concernant les contestations nées & à naître à l'occasion d'une entreprise de Tabac faite par les Sieurs Gleize, Menadier & autres Négocians Associés, circonstances & dépendances.

Du 21 Aoust 1744.

* Arrest du Conseil & Lettres Patentes, qui fixent à sept sols du cent pesant les Droits d'Entrées des Cinq Grosses Fermes sur les Verres à vitres communs soufflés sans Boudines, & non coulés en Table, provenans des Verreries de Franche-Comté, avec les quatre sols pour livre; & que lorsque lesdits Verres seront destinés pour Lyon, ils ne payeront dans les Bureaux d'Entrées desdites Cinq Grosses Fermes que le quart dudit Droit, à la charge par les Voituriers d'y prendre des Acquits à Caution pour payer les Droits de la Douanne de Lyon; & ordonne au surplus l'exécution de l'Arrest du Conseil du 31 Octobre 1743, portant Réglement pour l'Entrée des Ouvrages de Verrerie fabriqués en Alsace & Franche-Comté. *Registrées en la Cour des Aydes de Paris le 24 Novembre, & au Parlement de Dijon les 5 & 7 Décembre 1744.*

Du 21 Aoust 1744.

Arrest du Conseil, qui commet le Sieur Levet, Commissaire du Conseil à Valence, pour instruire & juger le Procès aux nommés Arthaud & Didier, Cavaliers de la Maréchaussée du Pont de Beauvoisin, sur lesquels il a été saisi le 20 Mars précédent, audit Pont de Beauvoisin, deux Ballots de Mousselines & deux Ballots d'Indiennes, ensemble à leurs Complices, Fauteurs, Participes ou Adhérans, circonstances & dépendances.

Du 21 Aoust 1744.

Arrest du Conseil, qui casse une Sentence de l'Election de Valognes du 16 Juin précédent, pour avoir renvoyé de la demande du Fermier, le nommé Thomas Dupuis, Débitant dans ladite Ville, sous prétexte que deux livres une once de Tabac rapé, saisi chez lui, etoit pour sa provision; confisque le Tabac, & le condamne en l'amende de mille livres, & aux dépens faits devant les Elus de Valognes.

Du 23 Aoust 1744.

* Arrest du Conseil, qui ordonne que les Huissiers de l'Election & du Grenier à Sel de la Ville de Meaux, les Huissiers au Châtelet de Paris, & tous autres Huissiers & Sergens Royaux residans en ladite Ville, seront tenus de se trouver au mandement des Lieutenant Criminel & Procureur du Roy audit Bailliage, pour y faire le service nécessaire, aussi tôt qu'ils y seront appellés, par rapport à l'instruction & au Jugement des procès criminels qui sont pendans audit Bailliage.

Du 7 Septembre 1744.

* Jugement de la Commission du Conseil établie à Valence, par lequel Pierre Puthod, fils de François, Habitant de Massignieu de Reves en Bugey, a été condamné par contumace à cinq années de Galeres, préalablement marqué sur l'épaule dextre par l'Exécuteur de la Haute Justice avec un fer chaud, portant empreinte des lettres G. A. L. pour avoir, avec deux autres Particuliers, traversé sur le Rhône, de Bugey en Savoye, pendant la nuit du 18 au 19 Octobre 1743, des Bestiaux en fraude; & pour avoir, en retournant en Bugey, lâché un coup de fusil à un Employé qui voulut l'arrêter. Condamne pareillement François Puthod, dit Gabeure, pere de Pierre, & Pontonnier au Port de Lussey en Bugey, en trois cens livres d'amende, pour avoir, en contravention aux Réglemens, souffert que l'on ait traversé des Bestiaux sur le Rhône pendant la nuit avec le Batteau dudit Port pour les faire sortir en fraude.

Du 9 Septembre 1744.

* Jugement de la Commission du Conseil, établie à Valence; par lequel les nommés Claude Tisserand, du lieu de Sainte Croix dans la Bresse Chalonnoise, Philibert Moine, du lieu de Monpont, & Claude Billiet, du lieu de la Chapelle, ont été condamnés au fouet par l'Exécuteur de la Haute Justice, & au bannissement pour trois années des Provinces de l'étendue de la

la Commiſſion, pour Faux-ſaunage & Contrebande en Tabac reſultans du procès.

Du 10 Septembre 1744.

* Jugement de la Commiſſion du Conſeil, établie à Valence, par lequel le nommé Claude Pommier, du lieu de Diconne dans la Breſſe Chalonnoiſe, a été condamné à ſervir comme forçat ſur les galeres du Roy, pendant l'eſpace de trois années, préalablement marqué ſur l'épaule dextre par l'Exécuteur de la Haute Juſtice avec un fer chaud, portant l'empreinte des Lettres G. A. L. pour avoir fait le Faux-ſaunage & la Contrebande en Tabac, au nombre de cinq, ſans armes.

Du 11 Septembre 1744.

* Arreſt du Conſeil, qui permet pendant une année, à compter du 18 deſdits mois & an, l'entrée dans le Royaume des Beurres venant d'Angleterre, d'Ecoſſe & d'Irlande, & ce en payant les Droits qui ſont dus.

Du 11 Septembre 1744.

* Jugement de la Commiſſion du Conſeil, établie à Valence, qui condamne par contumace le nommé Beaumont, Cordonnier, & Luc Verdon, & contradictoirement Claude Guiffrey auſſi Cordonnier, tous du lieu de Chaparillan en Dauphiné; ſçavoir, ledit Beaumont à être pendu, & leſdits Luc Verdon & Claude Guiffrey aux galeres pour cinq années, pour rebellion par eux faite avec pluſieurs autres Particuliers armés de fuſils, à trois Employés des Fermes du Roy de la Brigade dudit lieu de Chaparillan, la nuit du 28 Décembre 1743, & autres faits mentionnés au préſent Jugement.

Du 12 Septembre 1744.

* Jugement de la Commiſſion du Conſeil établie à Valence, par lequel le nommé Jean Bernon, du lieu de Montaizeau,

Paroisse de Saint Symphorien-de-Laye en Beaujolois, a été condamné à trois années de Galeres, pour avoir fait la Contrebande en Tabac.

Du 14 Septembre 1744.

* Jugement de la Commission du Conseil établie à Valence, qui condamne le nommé Jean Darcet, dit Pratieat, de la Paroisse de Sylla-Simon en Beaujolois, à trois années de Galeres, préalablement marqué sur l'épaule dextre par l'Exécuteur de la Haute Justice avec un fer chaud, portant l'empreinte des lettres G. A. L. pour avoir acheté des quantités considérables de Tabac des Contrebandiers, qu'il a ensuite revendu en détail.

Du 16 Septembre 1744.

* Jugement de la Commission du Conseil établie à Valence, qui condamne Paul la Perriere, dit le Blondin & le Dragon, du lieu de Crolles en Dauphiné, & François Barre, dit le Piémontois, aux Galeres à perpétuité pour Contrebande en Tabac, excès, violences & mauvais traitemens mentionnés audit Jugement.

Du 18 Septembre 1744.

* Jugement de la Commission du Conseil, établie à Rheims, qui condamne François Parquet, natif de Meneville-le-Bingard en basse Normandie, sans domicile, en cinq années de galeres, & en mille livres d'amende, pour les cas de Faux-saunage & Contrebande en Tabac par attroupement au nombre de quatorze, sans armes.

Du 18 Septembre 1744.

* Jugement de la Commission du Conseil établie à Valence, qui condamne le nommé Joseph Davin, du lieu de Saint Michel de Challiot en Dauphiné, aux Galeres perpétuelles, préalablement marqué sur l'épaule dextre par l'Exécuteur de la Haute Justice avec un fer chaud, portant l'empreinte des lettres G. A. L. pour Contrebande en Tabac avec attroupement

& port d'armes, & de rebellion faite aux Employés des Fermes, résultans du Procès.

Du 19 Septembre 1744.

Arrest du Conseil, qui évoque & renvoye pardevant M. de Tourny, Intendant de la Province de Guyenne, les Instances pendantes par appel à la Cour des Aydes & au Parlement de Bordeaux, entre l'Adjudicataire des Fermes Générales, les Jurats de ladite Ville, le Sieur Sandaillans, Négociant Ecossois établi en la même Ville, le Sieur Dumontet, Capitaine du Navire le Saint Louis de Bordeaux, & autres, pour raison de la soustraction de trois tonneaux de Vin d'Espagne, faisant partie de cent neuf barriques & demie déclarées Vins de Ville, & logé en futailles, jauge Bordeloise, lesquels trois tonneaux, qui avoient été embarqués sur ledit Navire pour être renvoyés à l'Etranger, ne s'y sont plus trouvés; ordonne que le tout sera jugé par ledit Sieur Intendant, & que les Procédures faites pour raison de ce, en quelques Jurisdictions que ce soit, seront remises au Greffe de la Commission.

Du 19 Septembre 1744.

Arrest du Conseil, sur la Requête de Jacques Forceville, Adjudicataire des Fermes Générales Unies, tendante à la cassation d'une Sentence de la Jurisdiction des Traittes de Nantes du 26 Mai précédent, pour avoir déchargé le Sieur Montaudouin, Négociant à Nantes & Armateur du Navire la Nymphe, du payement d'une somme de cinq mille vingt-quatre livres, pour tenir lieu des Droits des Marchandises qu'il a fait venir en France, excédent la valeur du produit de quatre cens cinquante-une têtes de Négres vendus au Cap, Côte de Saint Domingue, trois cens mille trois livres deux sols; ordonne que ladite Requête sera communiquée audit Sieur de Montaudouin, pour y fournir de réponse dans le délai de l'Ordonnance.

Du 19 Septembre 1744.

Arreſt du Conſeil, qui évoque les conteſtations introduites en la Cour des Aydes de Paris, entre les Sieurs Nicolas-Antoine Chevalier, Préſident en la Juriſdiction des Traittes des Villes de Charleville, Mezieres, Donchery & dépendances, Subſtitut de M. le Procureur Général de la Cour des Aydes en la Juriſdiction des Traittes de Sedan & Rocroy, & Subdélégué de la Commiſſion du Conſeil établie à Rheims; le Sieur Dumeſnil, Préſident de la Juriſdiction des Traittes de Sedan & Rocroy, & des Dépoſts des Sels de Mezieres; le Sieur Beniſſein, Propriétaire du Greffe, dont l'état eſt celui d'Avocat & Procureur poſtulant en ladite Juriſdiction des Traittes de Sedan & Rocroy, où il plaidoit & poſtuloit avant qu'il fût Propriétaire du Greffe d'icelle; le Sieur Philippes-Joſeph Gailly, Commis-Greffier en ladite Juriſdiction & de la Subdélégation du Sieur Colleau; le Sieur de Montimont, Procureur du Roy des Dépoſts des Sels, & le Sieur Suau, Avocat & Procureur poſtulant dans ladite Juriſdiction; au ſujet de la prétendue incompatibilité entre les fonctions de Subdélégué & de Greffier de la Subdélégation, dont leſdits Sieurs Chevalier & Gailly font les fonctions; ordonne que ſur leſdites conteſtations les Parties procéderont au Conſeil, & que la Requeſte dudit Sieur Chevalier ſera communiquée audit Sieur Dumeſnil, pour y fournir de reponſe, ſinon qu'il ſera fait droit aux Parties, ainſi qu'il appartiendra.

Du 19 Septembre 1744.

* Jugement de la Commiſſion du Conſeil établie à Rheims; qui condamne Louis Lefevre, dit Genty, Marchand Epicier & Débitant de Tabac pour la Ferme en la Ville de Nemours, aux Galeres pour cinq ans & à la flétriſſure, pour avoir fait Commerce de faux Tabac, auquel il donnoit la forme de celui du Fermier.

Du 19 Septembre 1744.

* Jugement de la Commiſſion du Conſeil, établie à Valence, par lequel le nommé Joſeph Frangue, ci-devant Employé dans la Brigade des Fermes à Chaparillan, a été condamné au banniſſement pour trois ans hors des Provinces de l'étendue de la Commiſſion, pour fauſſe dépoſition & ſollicitation, reſultans du procès.

Du 22 Septembre 1744.

* Jugement de la Commiſſion du Conſeil, établie à Valence, qui condamne le nommé Gilbert Fangotier, Travailleur de terre, du lieu de Vaſſelle près du Pont du Château en Auvergne, aux galeres à perpétuité, préalablement marqué ſur l'épaule dextre par l'Exécuteur de la Haute Juſtice, avec un fer chaud portant l'empreinte des Lettres G. A. L. pour avoir été arrêté armé le 10 Juillet 1743, conduiſant onze chevaux, avec six autres Particuliers auſſi armés.

Du 22 Septembre 1744.

* Jugement de la Commiſſion du Conſeil établie à Valence, par lequel le nommé Anſelme Eſteinc, ci-devant Employé des Fermes dans le Département de Beſançon; Louiſe Minard, femme de Claude-André, dit Toulouſe, de Moulins en Bourbonnois, & Jeanne Vautrot, du lieu de Fraiſan en Franche-Comté, ont été condamnés; ſçavoir, ledit Eſteinc à cinq années de Galeres, préalablement marqué ſur l'épaule dextre par l'Exécuteur de la Haute Juſtice avec un fer chaud, portant l'empreinte des lettres G. A. L. & leſdites Minard & Vautrot au Fouet, auſſi préalablement marquées d'un fer chaud, portant l'empreinte d'une Fleur-de-lys, pour avoir fait la Contrebande en Tabac & en Indienne.

Du 23 Septembre 1744.

* Jugement de la Commiſſion du Conſeil, établie à Valence,

qui condamne Joseph Formiguet, ci-devant Cavalier dans le Regiment Dauphin, Cavalerie, du lieu de Montesquiou près Ausch en Gascogne, à trois années de galeres, préalablement marqué d'un fer chaud, portant l'empreinte des Lettres G. A. L. pour rebellion, mauvais traitemens & vol fait par ledit Formiguet à deux Employés des Fermes du Roy.

Du 25 Septembre 1744.

Arrest du Conseil, qui déclare Jean-Baptiste Prevost, Aubergiste au Fauxbourg de Maubeuge, déchu de l'appel par lui interjetté d'une Ordonnance de M. l'Intendant du Haynaut du 19 Mai précédent, portant confiscation de vingt-neuf livres de faux Tabac, entreposé & saisy dans sa maison le 10 Avril de la même année par les Employés des Fermes de ladite Ville, faute par ledit Prevost d'avoir relevé son appel dans le tems prescrit par l'Article XLVII. du Titre commun de l'Ordonnance des Fermes du mois de Juillet 1681, & par l'Arrest & Lettres Patentes du 20 Juin 1724.

Du 25 Septembre 1744.

Arrest contradictoire du Conseil, qui casse celui de la Cour des Aydes de Rouen du 21 Janvier précédent, pour avoir modéré à cent livres l'amende de mille livres encourue par le Sieur Dagobert, de la Paroisse de la Chapelle Mingé, Election de Saint Lo, chez lequel il a été saisi neuf cens cinquante livres de faux Tabac, sous prétexte que le Tabac avoit été introduit dans sa maison par ses Domestiques à son insçu; confisque ledit Tabac trouvé dans le Cellier de la Maison dudit Sieur Dagobert, & le condamne en mille livres d'amende, & aux dépens faits tant en ladite Election de Saint Lo qu'à la Cour des Aydes de Rouen.

Du 25 Septembre 1744.

Arrest du Conseil, qui commet M. l'Intendant de Guyenne pour instruire & juger le Procès aux nommés Berliquet, Courier Royal à Bordeaux, & Montfayon fils, premier Commis ścribe au Bureau de Sortie de ladite Ville, accusés de malversations, la premiere consistant en l'enlevement sur les Registres du Bureau, des feuillets de quatre Soumissions faites par edit Berliquet, sous les noms de différens Négocians, pour les Vins & Eaux-de-vie chargés dans ladite Ville, à la destination des Isles, au moyen de quoi les Droits ont été fraudés; & la seconde, en ce qu'il a seulement été pris audit Bureau les Permis au lieu d'Acquits à Caution pour quatre parties de Vin chargées à la même destination sur les Soumissions dudit Berliquet, & que., d'intelligence avec ledit Montfayon fils, ces quatre articles ont été faussement enregistrés par ce Commis à la suite des autres Soumissions, dont les Acquits ont été réellement rapportés avec les Certificats en bonne forme, & e tout biffé en même tems comme consommé.

Du 25 Septembre 1744.

Arrest du Conseil, qui commet M. l'Intendant du Duché de Bourgogne pour faire l'Adjudication des Réparations à faire au Bureau des Fermes de Versoix, appartenant au Roi, du prix desquelles l'Entrepreneur sera payé sur les Ordonnances dudit Sieur Intendant par l'Adjudicataire des Fermes, auquel il en sera tenu compte sur le prix de son Bail.

Du 25 Septembre 1744.

* Arrest du Conseil, qui fait défenses aux Tondeurs d'employer aucune sorte d'huille ou graisse pour tondre & apprêter les Etoffes.

Du 28 Septembre 1744.

* Jugement de la Commission du Conseil établie à Valence, qui condamne Jean Gentet, Cabaretier au lieu de Monseriat en Franche-Comté, en mille livres d'amende, pour avoir volontairement donné retraite & fourny des vivres aux Contrebandiers.

Du 28 Septembre 1744.

* Jugement de la Commiſſion du Conſeil établie à Valence, qui condamne Antoine Junet, Marchand à Beſançon, en cinq cens livres d'amende, pour avoir fait vendre dans ſa Boutique & Magaſin des quantités de Tabacs, excédantes celles que les Marchands de Tabac de la Franche-Comté ont la liberté de vendre par les Réglemens.

Du 29 Septembre 1744.

* Jugement de la Commiſſion du Conſeil, établie à Valence, par lequel les nommés Claude & Pierre Bigeois Freres, & Jeanne Auvigne, leur Mere, ci-devant Concierges des Priſons Royales de la Ville de Dijon, ont été condamnés; ſçavoir, ledit Claude à être blâmé de la négligence par lui apportée à la garde du nommé Nicolas Corrotte, dit le Friſé, qui s'évada deſdites Priſons la nuit du 29 au 30 Janvier 1741, & en trois livres d'amende envers le Roy; & leſdits Pierre Bigeois & Jeanne Auvigne à être admoneſtés ſur le meme fait; & en outre à trois livres d'aumône chacun envers les Pauvres de l'Hopital dudit Dijon, & tous les trois en tous les dépens ſolidairement.

FIN.

TABLE
DES
EDITS, DECLARATIONS,
ARRESTS ET REGLEMENS,

Rendus pendant la sixiéme année du Bail de Mᵉ. JACQUES DE FORCEVILLE.

Commencée le premier Octobre 1743, *& finie le dernier Septembre* 1744.

CONCERNANT les Gabelles de France, Lyonnois, Dauphiné, Provence, Languedoc, Roussillon, Auvergne, Salines de Moyenvic; Gabelles des Evêchés de Metz, Toul & Verdun; Gabelles & Domaines de Franche-Comté & d'Alsace, & Droits Manuels.

Du premier Octobre 1743.

* RDONNANCE du Roy, pour renouveller les deffenses ci-devant faites à tous Gens de Guerre de faire ni favoriser le Commerce du faux Sel, du faux Tabac & des Marchandises de Contrebande. *Contenant trente-sept Articles.*

Du 8 Octobre 1743.

Arrest du Conseil, sur la Requeste de Jacques Forceville; Adjudicataire des Fermes Générales Unies, tendante à ce que les Entrepreneurs des Voitures des Sels par le Rhosne, la Saone & l'Izere, soient exempts du Droit d'Equivalent qui leur est demandé par le Fermier de ce Droit, sur les viandes qu'ils fournissent aux Ouvriers employés au tirage des Sels, & qu'ils nourrissent dans la Maison dite des Adoubs où ils ont leur Magasin général, sous prétexte que ladite Maison est du Territoire & Taillabilité de la Ville de Beaucaire en Languedoc; ordonne que ladite Requeste sera communiquée à Jacques Loubachin, Fermier de l'Equivalent, pour y fournir de réponse dans le délai du Réglement, sinon qu'il sera fait droit aux Parties, ainsi qu'il appartiendra.

Du 13 Octobre 1743.

* Déclaration du Roy, qui continue pendant les six années du Bail des Fermes Générales Unies sous le nom de Thibault la Ruë, la levée & perception du Doublement des Droits du Domaine, Barrage, & Poids-le-Roy de Paris, le Droit d'Augmentation ou Rehaussement du Sel qui se consomme & distribue en Franche-Comté, les Droits de Courtiers-Jaugeurs, ceux d'Inspecteurs aux Boucheries & aux Boissons, les Droits Manuels sur le Sel, ceux reservés dans les Cours, Chancelleries, Présidiaux, Bailliages, & autres Siéges & Jurisdictions, ensemble les deux & quatre sols pour livre sur ceux des Droits des Fermes qui y sont sujets.

Regiſtrée au Parlement, Chambre des Comptes & Cour des Aydes de Paris, les 20 Décembre 1743, 14 & 30 Janvier 1744.

Au Parlement & à la Chambre des Comptes de Grenoble, les 5 & 13 Mars 1744.

Au Parlement d'Aix, le 23 Mars, & à la Chambre des Comptes de Provence, le

Au Parlement de Rouen, le 17 Mars, & à la Chambre des Comptes & Aydes, les 5 & 11 desdits mois & an 1744.

Au Parlement de Rennes, le 26 desdits mois & an.

A celui de Toulouze, le 18.

Au Parlement & à la Cour des Aydes de Bordeaux, les 12 & 18 Mars.

Au Parlement de Pau, les 18 & 26 dudit.

A celui de Dijon, le 20 dudit & le 30 Avril.

A celui de Metz, le 5 Mars.

A celui de Douay, le 6 dudit.

A celui de Besançon, le 3 dudit.

A la Cour des Comptes, Aydes & Finances de Dole, le 5 dudit.

A celle de Montpellier, le 21 dudit.

A la Cour des Aydes de Clermont-Ferrand, le 18 dudit.

A celle de Montauban, le 21 Avril.

Au Conseil Supérieur de Colmar, le

Et à celui de Perpignan, le 6 Mars de la même année 1744.

Du 13 Octobre 1743.

Resultat du Conseil, portant Bail des Fermes Générales Unies sous le nom de Thibault la Ruë, pour six années à commencer du premier Octobre 1744, pour les Gabelles, Cinq Grosses Fermes, Aydes & Droits y joints, & du premier Janvier 1745, pour les Domaines, Controlle des Actes, Insinuations, Centiéme Denier, Greffes, Amortissemens & Droits y joints, aux prix, charges & conditions y portées.

Du 15 Octobre 1743.

* Arrest du Conseil, pour la prise de possession du Bail des Fermes Générales Unies, sous le nom de Thibault Larue, pendant six années, à commencer du premier Octobre 1744, pour les grandes & petites Gabelles, Droits manuels sur les Sels, Gabelles des Trois Evêchés, Domaines & Gabelles de Franche-Comté, & Droit de rehaussement sur le Sel dans ladite Province, Cinq Grosses Fermes, Droits sur les Huilles & Savons, Aydes, Entrées de Paris, Impots & Billots, & Formulés de Bretagne, Marque d'Or & d'Argent, Marque des Fers, Formules dans les Pays où les Aydes ont cours,

Domaine, Barrage, & Poids le Roi aux Entrées de Paris, Jauge & Courtage, Courtiers-Jaugeurs, Inspecteurs aux Boucheries & Boissons, Droits sur les Suifs à Paris, & pour la Ferme du Tabac; & au premier Janvier 1745, pour les Domaines de France, & Controlle des Exploits, Domaines de Flandre, Haynault, Artois, Alsace, & Principauté d'Orange, Controlle des Actes, Sceaux & Insinuations Laïques, Greffes, Amortissemens, Francs-Fiefs, Formules dans les Provinces où les Aydes n'ont point cours, nouvelle Formule des Notaires de Paris, Droits réservés dans les Cours & Jurisdictions du Royaume, Gages intermédiaires, Domaine d'Occident en France, Droits casuels réunis au Domaine, & autres Droits compris au Bail dudit Larue, deux & quatre sols pour livre de ceux de tous lesdits Droits qui y sont sujets.

Permet audit Larue & à ses Sous-Fermiers de se servir des Timbres actuellement en usage.

Dispense les Employés qui ont prêté serment pendant les précédens Baux, & Sous-Fermes, de le prêter de nouveau; leur permet de verbaliser dans le Ressort des Jurisdictions où ils pourront se trouver; défend aux Juges d'annuller leurs Procès-verbaux, sous prétexte que leurs noms ne se trouveroient point inscrits dans un Tableau déposé au Greffe de leur Jurisdiction.

Permet audit Larue, & à ses Sous-Fermiers, d'entretenir ou de resilier les Baux à loyer des Maisons & Greniers, ensemble les Abonnemens, Traités & Marchés qui peuvent avoir été ci-devant faits par les précédens Fermiers & Sous-Fermiers, de partie desdites Fermes & Droits.

Régle les Droits d'enregistrement du présent Arrêt, & ceux de reception & prestation de serment des Employés; & ordonne que les Réglemens rendus au profit des précédens Fermiers, seront exécutés en faveur dudit Larue, & de ses Sous-Fermiers, comme s'ils avoient été rendus sous leurs noms.

Du 15 Octobre 1743.

Arrest du Conseil, qui affecte aux Salines de Lons-le-Saulnier & de Monmorot cinquante-deux Arpens de Bois apparenans à la Communauté du Fied en Franche-Comté, & la Coupe provisoire de quatre cens cinquante-quatre Piéces de Bois de differentes longueurs & grosseurs, pour être employés la construction de l'enceinte ou pourtour des Puits salés desdites Salines.

Du 16 Octobre 1743.

* Déclaration du Roi, portant Réglement pour l'instruction des Affaires Criminelles dans les Jurisdictions des Elections, Greniers, & Dépôts des Sels & des Traittes ou Cinq Grosses Fermes. *Contenant cinq Articles.*

Registrée en la Cour des Aydes de Paris le 4 Décembre 1743.
Au Parlement de Grenoble le 20 Mars 1744.
A la Cour des Aydes de Provence le 27 dudit.
A celle de Rouen le 17 Avril suivant.
Au Parlement de Bretagne le 26 Mars.
A la Cour des Aydes de Bordeaux le 18 Avril.
Au Parlement de Pau le 13 dudit.
A celui de Dijon le 24 Mars.
A celui de Metz le 19 dudit.
A la Cour des Aydes de Dole le 16 dudit.
A celle de Montpellier le 28 dudit.
A celle de Clermont-Ferrand le 23 Mars.
A celle de Montauban le 20 Avril.
Et au Conseil Superieur de Perpignan le 24 Mars de la même année 1744.

Du 16 Octobre 1743.

* Jugement de la Commission du Conseil, établie à Rheims, qui condamne le nommé Nicolas Forest, du lieu de S. Jean-aux-Bois en Tierache, en neuf années de galeres, & en mille livres d'amende, pour Contrebande en Tabac & Faux-saunage en récidive.

Du 22 Octobre 1743.

Arrest du Conseil, qui ordonne l'exécution de ceux des 24 Avril 1714, 21 May 1737 & 3 Octobre 1741, concernant les Sels destinés pour la Savoye, le Piémont & le Comté de Nice; déboute le Sieur Claude Allemand, Entrepreneur de la Voiture desdits Sels, de l'appel par lui interjetté d'un exécutoire décerné par le Sieur Culet, Juge-Visiteur Général des Gabelles du Lyonnois au Département de Bugey & Gex, le 26 Janvier 1742, de la somme de deux cens livres, pour Vacations de trois recolemens des Sels destinés pour la Savoye, faits par ledit Sieur Culet.

Du 29 Octobre 1743.

Arrest du Conseil, qui ordonne l'exécution des Ordonnanances du Sieur Maclot, Commissaire Général de la réformation des Bois affectés aux Salines de Salins en Franche-Comté, des 20 Octobre 1725 & premier Avril 1727; & déboute les Habitans & Communautés de Courvieres & de Bouzailles, de leurs demandes tendantes à être déchargés des amendes contre eux prononcées par Sentences des 9 Juillet & 31 Aoust 1742, pour avoir coupé des Arbres dans leurs Bois Communaux, sans permission des Officiers de la Commission établie pour la réformation des Bois affectés ausdites Salines de Salins.

Du premier Novembre 1743.

* Ordonnance du Roi, portant Réglement pour le payement des Troupes pendant l'Hyver suivant, *contenant neuf articles*, par le dernier desquels il est défendu aux Officiers Gardes du Corps, Gendarmes, Chevaux-Legers, Mousquetaires, Cavaliers, Carabiniers, Hussards, Dragons & Soldats, de prendre aucun Sel dans les Pays Etrangers, ou dans ceux de l'obéissance de Sa Majesté, où la Gabelle n'est point établie, ni de se charger d'aucun Tabac ou autres Marchandises prohibées pour les transporter, vendre ou débiter, en telle maniére que ce puisse être, & à quelque personne que ce soit, dans les Provinces du Royaume, à peine contre les Chefs & Commandans de répondre sur leurs payes & sur leurs biens, des dommages qui seroient faits aux Fermes Générales par ceux étans sous leur charge, & aux Gardes, Gendarmes, Cavaliers,

Carabiniers, Huſſards, Dragons & Soldats d'être punis ſuivant la rigueur des Ordonnances contre les Faux-Sauniers ; défend pareillement à tous les Sujets du Roi, de quelque qualité & condition qu'ils ſoient, de commettre le Faux-Saunage, ni d'aſſiſter & favoriſer, en quelque ſorte que ce ſoit, les Gens de Guerre qui le commettront, ſur les peines des Ordonnances.

Du 4 Novembre 1743.

* Départemens de Meſſieurs les Fermiers Généraux, pour le ſervice des Fermes Générales Unies, pendant la ſixiéme année du Bail de Jacques Forceville.

Du 5 Novembre 1743.

Arreſt du Conſeil, qui évoque une Inſtance pendante en la Cour des Aydes d'Aix, entre les nommés Baud, Bremond, David & Secquet, Marchands Saleurs à Marſeille, & Jacques Forceville, Adjudicataire des Fermes Générales Unies, à l'occaſion des Droits ſur les Sardines, Anchoix & Macqueraux, que leſdits Marchands prétendent acquitter au Poids de Marc, au lieu du Poids de Table, & à être déchargés des Droits ſur les Sardines dites Harancades.

Du 5 Novembre 1743.

Arreſt du Conſeil, ſur un conflict de Juriſdiction entre les Officiers de la réformation des Bois affectés à l'uſage de la Saline de Salins en Franche-Comté, & ceux du Bailliage d'Arbois, à l'occaſion d'une Inſtance entre Jean-Baptiſte Amyot, demeurant à la Chatelaine, & Juſt-Etienne David, au ſujet de la non-jouiſſance d'un Pré ſitué ſur le Territoire dudit lieu de la Chatelaine, touchant les Bois de Moidon appartenans au Roy, ledit Pré vendu avec garentie en 1714 par le Pere dudit Amyot audit David; ordonne que ſur les conteſtations dont il s'agit, circonſtances & dépendances, les Parties procéderont pardevant le Sieur de Pimelle, Commiſſaire Général de la réformation des Bois de Salins, avec deffenſes de ſe pourvoir ailleurs, à peine de nullité, caſſation de Procédures & Jugemens, trois mille livres d'amende, & de tous dépens, dommages-intéreſts.

Du 12 Novembre 1743.

Arreſt du Conſeil, qui commet M. l'Intendant de Languedoc, pour faire l'adjudication des reparations néceſſaires au Bureau des Fermes du Grau du Roy à Aiguemorte, du montant deſquelles réparations les Entrepreneurs ſeront payés ſur les ordres dudit Intendant par Jacques Forceville, Adjudicataire des Fermes Générales, auquel il en ſera tenu compte ſur le prix de ſon Bail.

Du 3 Décembre 1743.

* Arreſt du Conſeil, qui approuve tant l'adjudication faite le 19 Avril précédent par M. de Bernage, lors Intendant en Languedoc, au nommé Coiſſard, des ouvrages à faire pour le curement & nétoyement des foſſés & avant-foſſés du Fort de Peccais & aux Martelieres qui ſervent à en écouler les eaux, que celle faite par le Sieur Baudouin, Subdélégué dudit Sieur de Bernage, au nommé Nogaret, des Ouvrages à faire au Grau du Roy à Ayguemorte ; que les Entrepreneurs d'icelles en ſeront payés ſur les Ordonnances de M. le Nain, Intendant actuel, par Jacques Forceville, Adjudicataire des Fermes Générales Unies, auquel il en ſera tenu compte ſur le produit des cinq ſols par minot de Sel, dont la perception a été ordonnée pour l'ouverture dudit Grau, par Arreſt du 14 Aouſt 1725, lequel continuera d'avoir ſon exécution, juſqu'à l'entier achevement des ouvrages ci-deſſus énoncés.

Du 3 Décembre 1743.

Arreſt du Conſeil, qui commet le Sieur Levet, Commiſſaire du Conſeil à Valence, pour inſtruire & juger le Procès aux nommés Meunier, Commis au Bureau de la Direction à Dijon, accuſé d'avoir engagé quelques Employés à lui apporter du Tabac de Franche-Comté, & du Sel blanc, & Chevalier Grignet, Receveur des Fermes à Reneves, prévenu d'avoir exigé

exigé de l'argent des Voituriers pour mettre son vû sur des Acquits, quoiqu'il n'en fût point dû, ensemble à leurs Complices, Fauteurs, Participes & Adhérans desdites infidélités, circonstances & dépendances.

Du 10 Décembre 1743.

Arrest du Conseil, pour faire jouir les Consuls de Narbonne du Droit de Robinage sur les Sels qui passeront sur la Robine de Narbonne, à raison de trois deniers par Minot, & en affecte le produit à l'entretien de ladite Robine & dépendances.

Du 17 Décembre 1743.

Arrest Contradictoire de la Cour des Aydes, qui infirme une Sentence de la Jurisdiction des Gabelles d'Ernée, en ce qu'en prononçant la confiscation de vingt livres de Lard salé sans déclaration, & saisi chez le nommé Pierre Louatron, demeurant au Village de Poirier, Paroisse S. Hilaire, il a été déchargé de l'amende par lui encourue, sous prétexte qu'une fenestre de l'endroit où le Lard a été trouvé donnant sur la rue, ne fermoit point; condamne ledit Loüatron en trois cens livres d'amende portée par les Réglemens, & en tous les dépens tant des causes principales que d'appel.

Du 17 Décembre 1743.

Arrest du Conseil, qui commet M. le Nain, Intendant en Languedoc, pour faire l'adjudication des Ouvrages à faire pour le recurement de l'Etang appellé de la Ville, près d'Aiguemorte, & du Canal de la Gare, du montant de la dépense desquels Ouvrages l'Entrepreneur sera payé sur les Ordonnances dudit Sieur Intendant par Jacques Forceville, Adjudicataire des Fermes Générales dont il sera remboursé sur le produit des cinq sols par minot de Sel ordonnés être perçus par Arrest du Conseil du 14 Aoust 1725, dans les Greniers à Sel des petites Gabelles, pour l'ouverture du Grau d'Aiguemorte.

Du 18 Décembre 1743.

* Jugement de la Commiſſion du Conſeil établie à Rheims ; qui condamne le nommé Claude Duchemin, Manouvrier du Village de Villers-Faucon en Picardie en neuf années de galeres, & en mille livres d'amende, pour Faux-Saunage avec attroupement au-deſſus du nombre de cinq, ſans armes, & récidive.

Du 31 Décembre 1743.

Arreſt du Conſeil, qui commet M. l'Intendant d'Alençon ; pour faire l'adjudication des reparations à faire au Grenier à Sel de Gacé appartenant au Roy, du prix deſquelles l'Entrepreneur ſera payé ſur les Ordonnances dudit Sieur Intendant, par Jacques Forceville, Adjudicataire des Fermes Générales, auquel il en ſera tenu compte ſur le prix de ſon Bail.

Du 14 Janvier 1744.

Arreſt du Conſeil, qui ordonne que le Sieur Biron, Directeur de la Saline de Moyenvic, ſera payé par Jacques Forceville, Adjudicataire des Fermes Générales Unies, de la ſomme de trois mille livres cinq ſols ſept deniers, par lui avancée tant pour l'augmentation du prix de l'acquiſition faite au nom du Roy, en conſequence de l'Arreſt du Conſeil du 11 Juillet 1741, d'une maiſon qui appartenoit au nommé Bizet, pour être démolie & la place employée à la conſtruction d'une aîle en avant-cour qui manquoit au Bâtiment de la Direction, & d'un Eſcalier pour communiquer aux Logemens des Employés de la Saline, que pour la démolition de ladite Maiſon, frais de Contrat & de Décret, Droits de Controlle, Inſinuation & Centiéme Denier, & pour la conſtruction de ladite aîle & eſcalier ; de laquelle ſomme de trois mille livres cinq ſols ſept deniers, il ſera tenu compte audit Forceville ſur le prix de ſon Bail, ainſi que de celle de quatre mille livres mentionnée audit Arreſt du 11 Juillet 1741, pour le prix de l'acquiſition de ladite Maiſon.

Du 18 Janvier 1744.

* Sentence de la Jurisdiction des Gabelles de Pontoise, qui confisque du Sel immonde provenant des Salines de Maquereaux, saisi chez le nommé Jacques Frere, Marchand Tanneur & Hongryeur de la Ville de Beaumont-sur-Oyse; le condamne en deux cens livres d'amende, & en la restitution des Droits de Gabelles; lui fait deffenses & à tous autres de récidiver & d'user de pareil Sel, soit pour leur usage, fabriquation ou amélioration de leurs cuirs.

Du 21 Janvier 1744.

Arrest du Conseil, qui commet le Sieur Jean-Louis Heriard fils, au lieu & place du Sieur Heriard son pere, pour l'exécution de l'Arrest du 3 Juillet 1742, & autres rendus pour l'établissement de la Commission établie à Saumur, pour instruire & juger, en appellant avec lui le nombre d'Officiers ou Gradués requis par l'Ordonnance, toutes les affaires criminelles qui surviendront dans l'étendue des Généralités de Tours, Moulins, Bourges & Poitiers, à l'occasion de l'introduction & débit à port d'armes, ou attroupement à port d'armes des Marchandises prohibées, du faux Sel & du faux Tabac, ensemble les procès qui doivent être faits tant aux Auteurs & Complices des violences commises contre les Commis des Fermes, qu'aux Commis desdites Fermes qui favoriseront la Contrebande & le Faux-saunage, &c.

Du 28 Janvier 1744.

Arrest du Conseil, qui en casse un de la Cour des Aydes de de Paris du 6 Septembre 1741, confirmatif d'une Sentence du Grenier à Sel de Condé du 16 Février 1740, pour avoir renvoyé le Fermier de sa demande tendante à la confiscation de soixante-dix livres de Lard saisi chez le nommé René Ernault, de la Paroisse de Maran, pour grosse salaison faite sans déclaration, & en trois cens livres d'amende; confisque le Lard salé, & condamne ledit Ernault en trois cens livres d'amende & aux dépens faits tant devant les Officiers du Grenier de Condé, qu'en la Cour des Aydes.

Du 28 Janvier 1744.

Arrest du Conseil, portant qu'il sera imposé une somme de cent soixante livres quatre sols neuf deniers, sur les Contribuables à l'impost du Sel de la Paroisse de S. Martin de Tevé, pour être remise aux nommés Etienne Boué & Etienne Martinée principaux Habitans de ladite Paroisse, qui l'ont avancée & payée au Fermier des Gabelles, pour le restant de l'Impost du Sel de l'année 1741, dont les Collecteurs dudit Impost se sont trouvés redevables & hors d'état de payer.

Du 4 Février 1744.

Arrest du Conseil, qui évoque l'appel interjetté par Jacques Forceville, Adjudicataire des Fermes Générales Unies, d'une Sentence du Grenier à Sel de Nampont, du 13 Aoust 1743, par laquelle le nommé Louis Sellier, Laboureur à Maintenay, a été renvoyé, avec amende & dépens, de la demande du Fermier tendante à la confiscation d'environ six livres de faux Sel, saisi chez lui par procès-verbal des Employés des Fermes de la Brigade de Nampont du 23 Juillet 1743, & ce sous prétexte, 1°. Que la porte de la cour de Maintenay ne ferme point; 2°. Que des Malveillans peuvent ouvrir ladite porte ou haire; 3°. Qu'il est facile de passer par-dessus la haye qui entoure la maison; 4°. Que les Employés n'ont fait mention dans leur procès-verbal que la Maison est située sur le chemin de Maintenay à Rousseau; 5°. Que la haire ou porte tient à une grange, & qu'au bout d'icelle est une petite étable à hauteur d'homme sur laquelle le Sel a été trouvé; 6°. Que cette étable est jointe à plusieurs jardins voisins; 7°. Que la maison d'habitation est éloignée de l'étable de plus de trente pas; ce qui a fait présumer aux Juges que le Sel avoit été deposé sur cette étable par des Etrangers & Malveillans; ordonne que sur ledit appel, les Parties procéderont au Conseil, pour leur être fait droit, avec deffenses de se pourvoir ailleurs, à peine de nullité, cassation de procédures, & de tous dépens, dommages & intérests.

Du 4 Fevrier 1744.

* Arrest du Conseil, qui déboute les Seigneurs, Habitans & Communautés des Villages, Hameaux & Censes d'Argoules, Petit Chemin, Dominois, Beaucamp, Wailly, Berck, Gresfier, Vaban, Verton, S. Aubin, Merlemont, Conchil-le-Temple, Noyelle, Ligny, Nampont, Uzon & Bailloux, de leurs demandes; ordonne l'exécution des Arrests du Conseil, & Lettres Patentes des 13 Avril & 24 Juin 1743, par lesquels ils ont été assujettis aux Droits établis dans la Province de Picardie, à laquelle ils ont été réünis.

Du 11 Fevrier 1744.

Arrest du Conseil, qui ordonne que les Ressorts des Jurisdictions des Fermes du Roy, établies à Bapaume & à Hesdin demeureront fixés respectivement & separés par le grand chemin qui conduit de Lucheux en Picardie à Arras, passant par Avesnes-le-Comte; ce faisant, que le grand chemin qui conduit de Lucheux à Arras, passant à Avesnes-le-Comte, sera du ressort de la Jurisdiction de Bapaume, de même que ledit lieu d'Avesnes-le-Comte, & les autres lieux que le grand chemin peut traverser, ensemble toutes les Paroisses, Villages, Hameaux, Fermes & Cens soumises ci-devant aux Jurisdictions qui se trouvent au levant dudit chemin, du côté de Bapaume, & que toutes celles desdites Paroisses, Villages, Hamaux, Fermes & Censes qui se trouvent au-de-là & au couchant dudit chemin, du côté d'Hesdin, seront du ressort de la Jurisdiction des Fermes établie dans ladite Ville d'Hesdin.

Du 11 Fevrier 1744.

Arrest du Conseil, pour dessecher les sources salées repandues dans le Parc de Vic, à l'effet de quoi ordonne qu'il sera ouvert des rigolles & fosses dans les prés dudit parc, & sous la chaussée qui separe les eaux des fossés des prairies de la grange Fouquet.

Du 15 Fevrier 1744.

* Déclaration du Roy, en explication des Réglemens rendus contre les Faux-sauniers, Faux-tabatiers & Contrebandiers, pour les cas dans lesquels les Juges, en prononçant la peine des galeres, doivent aussi les condamner à la flétrissure, & ceux où ils ne doivent prononcer que la peine des galeres seulement sans la flétrissure. *Contenant quatre Articles.*

Registrée en la Cour des Aydes de Paris, le 22 Avril 1744; en celle de Rouen, le 16 dudit; en celle de Clermont-Ferrand, le 18 Mars; en celle de Montpellier, le 21 Mars; en celle de Montauban, le 20 Avril; en celle d'Aix, le 21 Mars; en celle de Bordeaux, le 18 Avril; en celle de Dole, le 16 Mars; au Parlement de Dijon, le 20 Mars; en celui de Grenoble, le même jour; en celui de Rennes, le même jour; en celui de Metz, le 19 Mars; en celui de Pau, le 24 Mars; & au Conseil Supérieur de Roussillon à Perpignan, le même jour de ladite année 1744.

Du 18 Fevrier 1744.

Arrest du Conseil, portant Réglement pour l'affectation, & le prix des Bois destinés pour la formation & cuite des Sels de la Saline de Montmorot. *Contenant 6 Articles.*

Du 18 Fevrier 1744.

Arrest du Conseil, qui sur la proposition de M. l'Evêque de Metz, ordonne que pour détruire les sources d'eaux salées qui sont dans la prairie de Remilly, dépendante de son Evêché, il sera fait des excavations & ouvertures de terre à trois pieds de profondeur, lesquelles seront remplies de pierres & de fascines recouvertes de terre sans aucunes ouvertures de rigolles, pour communiquer à la Riviere qui passe dans ladite Prairie.

Du 22 Fevrier 1744.

* Arrest Contradictoire de la Cour des Aydes, rendu entre Jacques Forceville, Adjudicataire des Fermes Générales de sa Majesté, prenant le fait & cause de Gilles Landoy, premier Huissier en l'Election de Paris.

Le Sieur de Rocrolle, Commissaire au Châtelet de Paris; Mirsin, Antoine Totin & autres Huissiers Commissaires Priseurs au Châtelet de Paris, & la Communauté desdits Huissiers Priseurs, prenant le fait & cause desdits Mirsin & autres.

Au sujet du trouble apporté par lesdits Sieurs Commissaires & Huissiers, accompagnés d'Archers dans les fonctions dudit Landoy, en procédant à une vente de Meubles à la Requeste dudit Forceville.

Qui décharge le Sieur Commissaire de Rocrolle, décreté par Sentence des Officiers de l'Election, d'assigné pour être oui, de l'accusation contre lui intentée sans dépens.

Met sur l'extraordinaire ledit Mirsin & autres Huissiers qui avoient été décretés d'ajournement personnel, hors de Cour & de procès; condamne lesdits Huissiers & Communautés seulement, en tous les dépens pour tous dommages & interests, même en ceux faits par Forceville contre ledit Sieur Commissaire de Rocrolle.

Et ordonne que les Arrests de ladite Cour, Ordonnances, Arrests & Réglemens, & notamment les Lettres Patentes du 4 Décembre 1731, & l'Article 571 du Bail dudit Forceville, seront exécutés.

En consequence, maintient ledit Forceville dans le Droit & Privilége de se servir de tels Huissiers que bon lui semblera pour faire les ventes de meubles, & autres actes de Justice concernant les Droits des Fermes; & deffend ausdits Huissiers Priseurs, & à tous autres de les y troubler, sous telles peines qu'il appartiendra.

Du 25 Fevrier 1744.

* Jugement de la Commission du Conseil, établie à Valence,

qui caſſe & annulle les differens décrets, & toute la procédure faite par le Lieutenant de la Maréchauſſée du Lyonnois à la Réſidence de Roanne, contre des Employés des Fermes du Roy, de la Brigade poſtée à S. Haou en Forez, pour faits arrivés dans l'exercice & fonctions de leurs emplois.

Du 25 Fevrier 1744.

Arreſt du Conſeil, portant que par le Garde du Tréſor Royal, Jacques Forceville, Adjudicataire des Fermes Générales Unies, ſera rembourſé d'une ſomme de deux cens ſoixante mille trois cens ſoixante-deux livres un ſol deux deniers par lui avancée des deniers de la quatriéme année de ſon Bail, pour ſupplément de rentes des Paroiſſes de Paris, Verſailles, Marly, S. Germain en Laye, indemnités des reductions faites des nouvelles rentes deſdites Paroiſſes, remedes fournis aux Pauvres des Provinces par le Sieur Helvetius, plans, devis, ouvrages & reparations aux depoſts des Sels de Rouen, Honfleur, Bureaux appartenans aux Roy, indemnités & autres dépenſes y mentionnées.

Du 3 Mars 1744.

Arreſt du Conſeil, qui évoque l'appel interjetté par Jacques Forceville, Adjudicataire des Fermes Générales Unies, d'une Sentence du Grenier à Sel de Laſſay du 9 Janvier précédent, par laquelle le nommé Mathurin Landiere, du Village de Genne, Paroiſſe de Niort, a été admis à faire nommer des Experts, pour faire la viſite d'une étable dans laquelle il a été trouvé & ſaiſi environ trois livres de faux Sel caché dans un pot ſous de la paille, & à faire preuve que l'étable ne lui appartenoit pas, qu'elle eſt en ruine & ouverte de tous côtés; & ordonne que la Requeſte du Fermier ſera communiquée audit Landiere, pour y fournir de réponſe dans le délai de l'Ordonnance, ſinon ſera fait droit ainſi qu'il appartiendra.

Du 4 Mars 1744.

Traité paſſé entre Thibault Laruë, Adjudicataire des Fermes

Générales

énérales Unies de France, & Jean Dumesnil, Adjudicataire :s Fermes Générales de Lorraine & de Bar, d'une part, & erre la Garde, Bourgeois de Paris, d'autre, par lequel ledit la arde s'oblige de fabriquer & façonner à ses frais dans les Saaes de Moyenvic, Dieuse, & Château-Salins pendant douze anées consécutives, à compter du premier Octobre 1744, ous les Sels dont lesdits Larue & Dumesnil, ainsi que leurs accesseurs ausdites Fermes Générales auront besoin pour satisfaire à leurs fournitures ordinaires & extraordinaires, aux rix, charges, clauses & conditions énoncées audit Traité. *ontenant 49 Articles.*

Du 10 *Mars* 1744.

Arrest du Conseil, qui ordonne l'exécution de celui du 18 eptembre 1742, concernant le Droit de Leude ou de Coupe ui se perçoit sur le Sel dans la Jurisdiction d'Aspect en Bearn, 1 faveur des Chapelains du Roy de l'Eglise de la Ville d'Asect, & qu'à la diligence desdits Chapelains ledit Arrest sera , publié & affiché dans tous les Villages & Lieux qui dépenent de la Jurisdiction des Consuls de la Ville d'Aspect; peret aux Chapelains de faire planter des poteaux dans les Villas & autres lieux, pour indiquer les Bureaux où les Marchands Négocians devront acquitter le Droit de Coupe, & fait effenses ausdits Chapelains d'exiger aucun Droit sur le Sel lleurs que dans l'étendue de ladite Jurisdiction des Consuls e la Ville d'Aspect, à peine de concussion.

Du 10 *Mars* 1744.

Arrest du Conseil, qui commet M. l'Intendant de Picardie, our instruire & juger le Procès aux Auteurs, Complices, Faueurs, Participes ou Adhérans des rebellions, voyes de fait & iolences exercées le 16 Février précédent, contre les Emloyés des Fermes de la Brigade ambulante établie au Fauxourg de Bapeaume, à l'occasion de la spoliation d'une capture aite par lesdits Employés sur une vingtaine de Contrebandiers ortant chacun un sac de Sel ou de Tabac, dans les trois eues de la Province d'Artois, limitrophes à la Picardie.

Du 14 Mars 1744.

*Jugement de la Commission du Conseil, établie à Saumur; qui condamne aux galeres pour trois années Leonard Gastineau, Capitaine; Jean-Adrien Chapuisset, Lieutenant; René Riverieux; François de S. Gerond, & la Vigne, Employés de la Brigade des Fermes à Arseuille en Bourbonnois, pour crime d'infidélité par eux commise dans les fonctions de leurs employs.

Du 16 Mars 1744.

*Jugement de la Commission du Conseil, établie à Valence; qui condamne par contumace le nommé Jean Jean, du lieu de Montjardin en Languedoc; le nommé Nadal, Tonnelier, du lieu de S. Jean du Breüil; la nommée Valsangue, Femme d'un Maréchal dudit lieu; & le Sieur Arnal de Valleraube, se disant Garde du Corps; sçavoir, ledit Jean Jean en trois cens livres d'amende, conversible à deffaut de payement; ledit Nadal, à trois années de galeres; ladite Valsangue, au fouet & au banissement pendant trois ans des Provinces de Languedoc & Rouergue; & ledit Sieur Arnal de Valeraube à être admonesté, en trois cens livres d'amende pour dépens, dommages & interests envers le Fermier, & à dix livres d'aumône, & contradictoirement le Corps & Communauté du lieu de S. Jean du Breuil en trois cens livres d'amende envers le Roy, & en cinq cens livres de dommages & intérests envers ledit Fermier; & Pierre la Fond, lors premier Consul dudit lieu, à être admonesté, & en cent livres de dommages & intérests envers ledit Fermier, &c.

Du 17 Mars 1744.

Arrest du Conseil, qui évoque une Instance pendante en la Cour des Aydes de Paris, entre les nommés Therest, Olagnon & Villeroy, Salpêtriers de ladite Ville, la Communauté des Salpêtriers, & Jacques Forceville, Adjudicataire des Fermes Générales Unies, sur les appels interjettés par lesdits Therest, Olagnon & Villeroy, des Sentences contre eux rendues par les Officiers du Grenier à Sel de Paris, les 14 & 26 Aoust,

& 21 Octobre 1743, par lesquelles ils ont été condamnés
aacun en deux cens livres d'amende, & en la confiscation du
el de Salpêtre saisi chez eux; ordonne que sur lesdits appels,
rconstances & dépendances, les Parties procéderont au Con-
il, avec deffenses de se pourvoir ailleurs, à peine de nullité,
assation de Procédures & Jugemens, & de tous dépens, dom-
ages & intérests.

Du 24 Mars 1744.

Arrest du Conseil, qui évoque & renvoye pardevant le Sieur
eriard, Commissaire du Conseil à Saumur, les procédures
ommencées par les Officiers du Grenier à Sel de Châteaugon-
er contre les Employés des Fermes de ladite Ville, pour rai-
n d'un prétendu vol de deux chevaux abandonnés par des
aux-sauniers que lesdits Employés suivoient à la piste, &
nt saisi le 26 Janvier précédent, malgré les violences & mau-
ais traitemens exercés contre eux dans un Village près la Pa-
oisse de Ruillée, lesdits deux chevaux reclamés par la Veuve
isé, connue pour Faux-sauniere.

Du 24 Mars 1744.

Arrest du Conseil, pour faire expédier au profit de Jacques
orceville, Adjudicataire des Fermes Générales Unies, une
Ordonnance de comptant sur le Garde du Trésor Royal, de
la somme de huit cens quatre-vingt-quinze livres seize sols huit
eniers, à laquelle monte la différence du prix de cinq cens
inots de Sel fournis d'excédent à la République de Valais,
endant l'année 1743; laquelle Ordonnance sera payée en une
uittance comptable à la déduction du prix de son Bail.

Du 24 Mars 1744.

Arrest du Conseil, qui continue pendant trois années, à
compter du premier Avril 1744, l'attribution donnée à M.
Viard de Pimelle par les Arrests du Conseil des premier Avril
1738, 14 Avril 1739, & 28 Février 1741, pour la reformation & administration, tant des Forests situées dans les Comté
& Maîtrise de Salins, que de celles affectées à l'usage des Sali-

nes dudit Comté, en exécution & conformément aux Lettre Patentes du 20 Février 1731, qui ont commis feu M. Maclot & aux Arrests ci-dessus énnoncés, aux appointemens de di mille livres par an qui lui seront payés par l'Adjudicataire de Fermes, lequel en sera remboursé ainsi qu'il sera par le Roy ordonné.

Du 24 Mars 1744.

Arrest du Conseil, qui approuve & confirme le Bail fait à Jean Badere, le 30 Décembre 1743, de la vente, commerce & débit des Sels, tant de la Saline de Moyenvic, que des Salilines de Lorraine, pour neuf années, à compter du premier Octobre 1744, entre Thibault Larue, Adjudicataire des Fermes Générales Unies de France, & Jean Dumesnil, Adjudicataire des Fermes de Lorraine & de Bar, d'une part, & Pierre Lagarde, d'autre, par lequel ledit Lagarde s'oblige de fabriquer & façonner à ses frais dans les Salines de Salins, Moyenvic, Dieuse & Château-Salins pendant douze années consécutives, à compter du premier Octobre 1744, tous les Sels dont lesdits Laruë & Dumesnil, ainsi que ses successeurs ausdites Fermes, auront besoin pour satisfaire à leurs fournitures ordinaires & extraordinaires, aux prix, charges & conditions y énoncés.

Du 24 Mars 1744.

Arrest du Conseil, qui agrée & accepte les offres & propositions faites par Pierre Lagarde, Bourgeois de Paris, de faire la formation des Sels & la fourniture des Bois nécessaires aux Salines de Salins en Franche-Comté, & autres fournitures comprises dans l'adjudication faite à Jacques Bruant pendant douze années, à compter du premier Octobre 1744, pour la formation des Sels; & du premier Janvier 1745, pour la fourniture des Bois, le tout aux prix, charges, clauses & conditions portés aux quarante-quatre Articles contenus ausdites offres & propositions insérées audit Arrest.

Du 7 Avril 1744.

Arrest du Conseil, sur la Requeste de Jacques Forceville;

Adjudicataire des Fermes Générales Unies, tendante à la cassation d'une Sentence de la Jurisdiction de S. Malo, du 8 Février précédent, pour avoir renvoyé le Fermier de ses demandes & conclusions au payement des Droits de mille cinquante-neuf quintaux de Morue seche, deux mille Morues vertes, sept bariques & un tierçon de Saumon salé, quatre bariques d'huile de poisson, un quart d'Anguilles, trois Peaux de Loutre, une Peau de Renard & vingt-deux Peaux de Loup Marin, provenant de Pêche & Commerce aux Isles Angloises, & déclarés provenir de Pêche Françoise à l'Isle Royale, pour le compte du Sieur Thomas Anquetil de la Brutiere, Armateur du Navire l'Hirondelle de Grandville, Capitaine Thomas Barré: comme aussi au payement des Droits de Brouage sur soixante-quatre muids de Sel par lui pris en l'Isle de Ré, en exemption desdits Droits, sous prétexte que le Sel étoit destiné pour la Pêche, quoiqu'il ait été vendu aux Anglois; ordonne que ladite Requeste sera communiquée audit Sieur Auquetil de la Brutiere, pour y fournir de réponse dans le délai de l'Ordonnance, sinon sera fait droit, toutes choses jusqu'à ce demeurant en état.

Du 16 Avril 1744.

* Jugement de la Commission du Conseil, établie à Valence, par lequel Jacqueline Cordas, Veuve de Jean Valentin, Cabaretiere au lieu de la Paterie, Paroisse de Maras en Auvergne, Antoine Boujeau, Michel Chardon, Cabaretier au lieu de Pontgibaud, & Isabeau de Seilles, Femme de Jean Poyet, Cabaretiere au Bourg d'Arlan, ont été condamnés; sçavoir, ladite Cordas en mille livres d'amende, pour avoir, en contravention aux Réglemens, donné volontairement retraite & fourni de vivres à des Contrebandiers & Faux-sauniers, & lesdits Boujeau, Chardon & Izabeau de Seilles en trois cens livres chacun d'amende, pour avoir pareillement donné retraite & fourni de vivres à des Faux-sauniers.

Du 16 Avril 1744.

* Jugement de la Commission du Conseil, établie à Valence,

par lequel les Syndics, Manans & Habitans de la Ville & Bourg d'Arlau en Auvergne, ont été condamnés en cinq cens livres d'amende, faute par eux d'avoir sonné le Tocsin le 19 Décembre 1742 sur une bande de Faux-sauniers qui fit lors rebellion aux Employés des Fermes.

Du 27 Avril 1744.

* Jugement de la Commission du Conseil, établie à Valence; qui condamne Claude Guillet, Laboureur, du lieu de Marcherieu, Paroisse de Nattage en Bugey, à être pendu, tant pour avoir, avec deux autres Particuliers, de dessein prémédité, & dans l'espérance d'une recompense en argent, fait rebellion à deux Employés des Fermes du Roy au Poste de Mussel, avoir enlevé d'entre leurs mains deux Faux-sauniers qu'ils avoient arrêtés que pour les excès, mauvais traitemens & vols exercés sur lesdits Employés, & pour avoir cruellement maltraité & excédé à coups de bâton & à differentes reprises le nommé Antelme Peyru, Laboureur de Massignieu de Rives, dans ladite Province, en haine de la déposition faite par ledit Peyru, au sujet de ladite rebellion, vols & mauvais traitemens, &c.

Du 28 Avril 1744.

* Jugement de la Commission du Conseil, établie à Valence; qui condamne Louis Girard, dit Louison, Fendeur de Bois, demeurant dans les Bois d'Epiecry, Paroisse de S. Jean de Leuze & de S. Emilan en Bourgogne, à être pendu, pour Contrebande en Tabac & Faux-saunage avec attroupement au nombre de cinq & au-dessus, & port d'armes, & pour les excès, violences, cruautés & vols y exprimés.

Du 28 Avril 1744.

Arrest du Conseil, qui commet le Sieur Levet Commissaire du Conseil à Valence, pour instruire & juger le procès au nommé Gilbert Fangotier, accusé d'avoir fait la Contrebande & le Faux-saunage, avec attroupement & port d'armes, ensemble à ses Complices, Fauteurs, Participes ou Adhérans desdits faits, circonstances & dépendances.

Du 28 Avril 1744.

* Jugement de la Commiſſion du Conſeil, établie à Rheims, qui condamne Jacques Odouin & Eliſabeth Obelianne, de Metz, à un banniſſement de cinq ans chacun, & ſolidairement en trois cens livres d'amende envers l'Adjudicataire des Fermes du Roy, & en cent livres de dommages & intéreſts envers des Employés deſdites Fermes.

Du 28 Avril 1744.

Arreſt du Conſeil, qui commet M. Barberie de S. Conteſt, Intendant du Duché de Bourgogne, pour inſtruire & juger le procès aux Auteurs, Complices, Fauteurs, Participes & Adhérans, de la fauſſeté d'une reſcription de trois mille livres prétendue tirée par M. Gaultier, Receveur Général des Fermes à Paris, le 15 Février précédent, ſur le Sieur Chapuzeau de Baugé, Receveur Général des Fermes à Dijon, & à lui preſentée par le Sieur Thomas, Commis à la Direction deſdites Fermes de la même Ville; évoque & renvoye pardevant ledit Sieur Intendant, toutes les procédures qui peuvent avoir été commencées pour raiſon de ce en la Juriſdiction des Traittes de Dijon ou autres.

Du 29 Avril 1744.

* Jugement de la Commiſſion du Conſeil, établie à Valence, qui condamne Simon-Joſeph Miodet, dit Chouſſat, du lieu de S. Dier en Auvergne, à être pendu, pour Contrebande en Tabac & Faux-ſaunage, avec attroupement au nombre de cinq & au-deſſus, & port d'armes, & pour excès, violences, cruautés & vols.

Du 4 May 1744.

* Jugement de la Commiſſion du Conſeil, établie à Valence; qui condamne par contumace Touſſaint Poſtel, Employé des Fermes du Roy dans la Brigade de S. Jean de Laune; & con-

traditoirement Louis Charles Remy, Lieutenant de la Brigade du Châtelet en Bourgogne, aux galeres pendant cinq années, pour infidélité & prévarications dans leur emploi.

Du 6 May 1744.

* Jugement de la Commission du Conseil, établie à Valence, par lequel Jean Patelon, dit la Rose, Cabaretier à la Poivriere, Paroisse de S. Silvestre en Bourbonnois, a été condamné à neuf années de galeres, & en cinq cens livres d'amende, pour avoir fait le Faux-saunage avec attroupement au nombre de cinq & au-dessus, avec chevaux & sans armes, & même en récidive, préalablement marqué par l'Exécuteur de la Haute Justice.

Du 7 May 1744.

* Jugement de la Commission du Conseil, établie à Valence, qui condamne Françoise Rochette, Veuve de Michel Cohade, ci-devant demeurante à Chapart en Auvergne, en cinq cens livres d'amende, avec interdiction du Commerce de Sel pendant trois ans, pour avoir vendu du Sel à des Faux-sauniers en contravention aux Réglemens.

Du 8 May 1744.

Arrest du Conseil, qui permet aux Collecteurs de l'Impost de la Paroisse de Brissarte de lever au Grenier d'Angers la quantité de dix-huit minots de Sel pour remplacement de pareille quantité qui a été naufragée dans un Batteau par l'abondance & la violence des eaux, en le conduisant du Grenier dans leur Paroisse, en payant par eux le prix Marchand, montant, à raison de sept livres le minot, à cent vingt six livres; laquelle somme sera imposée au marc-la-livre sur les Habitans de ladite Paroisse, contribuables à l'Impost.

Du 8 May 1744.

* Jugement de la Commission du Conseil, établie à Valence, par

lequel Jean-Baptiste Valet, du lieu de Devorouze en Bour-gne, a été condamné, pour les cas de Contrebande en Ta-& Faux-Saunage résultans du procès, avec attroupement nombre de cinq & au-dessus, préalablement marqué par écuteur de la Haute Justice.

Du 11 *May* 1744.

Arrest du Parlement de Bretagne en forme de Réglement, du sur les Conclusions de M. le Procureur Général, qui en-t aux Juges des Traittes de Nantes de prononcer à l'avenir les procès-verbaux des Employés des Fermes du Roy, ment faits & affirmés, toutes condamnations, soit d'amen-ou peines afflictives, aux termes des Ordonnances, Dé-ations du Roy & Réglemens : de se conformer pour l'ins-tion & Jugement des affaires desdites Fermes, tant en ma-es civiles que criminelles ausdites Ordonnances & Régle-ns : leur fait deffenses & à tous autres Juges de recevoir les mations desdits procès-verbaux sur des cahiers separés : leur oint de les rapporter, & signer au pied desdits procès-ver-x & sans frais, aux termes de l'Article 8 dudit Titre 11 'Ordonnance du mois de Février 1687, & autres Régle-ns, de même que de prononcer la conversion des amendes peines afflictives sur la Requeste du Fermier & sans frais : de onformer pareillement aux Arrests, & Réglemens de la Cour, pour les Vacations qui leur sont accordées par iceux, out sur les peines portées par ledit Arrest.

Du 11 *May* 1744.

Jugement de la Commission du Conseil, établie à Valence, condamne Antoine Robert, du lieu de Renquin, Lieute-de la Brigade ambulante des Fermes à Dijon, à cinq ans aleres, & Jacques Champy, de la Ville d'Auxonne, Capi-e de la même Brigade, aux galeres pendant trois ans, pour arications & infidélités dans les fonctions de leurs employs.

Du 11 May 1744.

* Jugement de la Commission du Conseil, établie à Saumu qui condamne Louis Létourneau, de la Paroisse de S. Mart de Tournon en Poitou, en neuf ans de galeres, pour crime Faux-saunage en seconde récidive, avec attroupement au non bre de cinq, & sans armes.

Du 12 May 1744.

* Jugement de la Commission du Conseil, établie à Valenc par lequel Hugues Vignot dit Grignolet, du Hameau de Ch nepin, Paroisse du Mayet des Montagnes en Bourbonnois, Claude Laval, dit Bitasse & S. Halire, du lieu de Chateld aussi en Bourbonnois, ont été condamnés à servir comme Fo çats sur les galeres du Roy; sçavoir, ledit Vignot, dit Grign let, pendant le tems & espace de neuf années, & ledit Lav pendant trois ans, & chacun en trois cens livres d'amend pour Faux-saunage résultant du procès; lesdits Vignot & Lav préalablement marqués par l'Exécuteur de la Haute Justice.

Du 13 May 1744.

* Jugement de la Commission du Conseil, établie à Valenc qui condamne Joseph Guiffray, dit Cochettaz, du lieu d'A butrix, Paroisse de Vaux en Bugey, aux galeres pour neuf a nées; & François Cattrat, Vigneron du même lieu, aux ga res pendant trois ans, pour rebellion faite à deux Employ des Fermes du Roy.

Du 15 May 1744.

* Jugement de la Commission du Conseil établie à Valenc par lequel l'amende de trois cens livres, prononcée par Jug ment du 25 Septembre 1743, contre Gilbert Trincard, lieu de Verthaizon en Auvergne, pour avoir fait le Faux-sa nage avec attroupement au-dessous du nombre de cinq,

ec chevaux, sans armes, a été convertie en la peine de trois
nées de galeres, faute par ledit Trincard d'avoir payé ladite
ende.

Du 15 May 1744.

* Jugement de la Commission du Conseil, établie à Valence;
r lequel Simon Romagnat du Barat, & Sebastien Chemi-
r, tous deux du lieu de Chauriac en Auvergne, ont été con-
mnés aux galeres pour trois ans, faute par eux d'avoir satis-
t dans le mois au Jugement rendu le 16 Septembre précédent,
i les condamnoit chacun à trois cens livres d'amende, pour
oir fait le Faux-saunage avec attroupement au-dessous du
mbre de cinq, & avec chevaux, sans armes.

Du 15 May 1744.

* Jugement de la Commission du Conseil, établie à Valence,
r lequel Jean-François Richard, du lieu de Vanterol en Dau-
iné, a été condamné à trois années de galeres, faute par lui
voir satisfait dans le mois à la Sentence rendue le 14 May
42, par le Visiteur Général des Gabelles du Languedoc au
épartement du S. Esprit, qui le condamnoit en trois cens li-
es d'amende, pour avoir fait le Faux-saunage.

Du 15 May 1744.

* Jugement de la Commission du Conseil, établie à Valence,
r lequel le nommé Antoine Bonnet, dit le Ministre, du lieu
Yzeaugeaux en Velay, a été condamné à trois années de ga-
es & trois cens livres d'amende, pour avoir fait le Faux-
unage avec attroupement au nombre de cinq & au-dessus,
ns armes, préalablement marqué par l'Exécuteur de la Haute
stice.

Du 15 May 1744.

* Jugement de la Commission du Conseil, établie à Valence,
r lequel Jean Morin, dit le Ratier, de la Paroisse de S. Cle-
ent en Bourbonnois, a été condamné en trois cens livres

d'amende, pour avoir fait le Faux-saunage avec chevaux & attroupement au-dessus du nombre de cinq, sans armes; ladit amende conversible en la peine de trois années degaleres, à de faut de payement dans le tems, & à la forme des Réglemens.

Du 16 May 1744.

* Jugement de la Commission du Conseil, établie à Saumur qui condamne Pierre & Jean Burlot, pere & fils, Meûnie du Moulin de la Haye Besson, à être mis au carcan, pour cau de rebellion par eux faite aux Employés des Fermes, dans l fonctions de leurs emplois.

Du 18 May 1744.

* Jugement de la Commission du Conseil, établie à Valence qui condamne Michel Roux, dit Parisier, Laboureur & Ma chand de Sel à Mirefleur en Auvergne, en cinq cens livres d'a mende, avec interdiction du commerce de Sel pendant tro ans, pour avoir vendu des quantités de Sel à des Faux-saunier

Du 22 May 1744.

* Jugement de la Commission du Conseil, établie à Valence par lequel Antoine Bouchard, Sabotier & Cabaretier demeu rant dans la Forest de Visignieux en Bourgogne, a été con damné en trois cens livres d'amende, pour avoir retiré che lui, fourni des vivres, & favorisé des Faux-sauniers.

Du 23 May 1744.

* Jugement de la Commission du Conseil, établie à Valence par lequel Michel Girou, du lieu de S. Leon en Bourbonnois a été condamné en trois cens livres d'amende, pour avoir achet des quantités considérables de Sel des Faux-sauniers, qu'il ensuite revendu; ladite amende conversible, à deffaut de pay ment dans le tems & à la forme des Réglemens.

Du 30 May 1744.

Arrest du Conseil, qui interdit le Sieur le Cocq, Controlleur par Commission au Grenier à Sel de Montreau, des fonctions de sa Commission, jusqu'à ce qu'il en soit autrement ordonné pour s'être opposé à ce que le Commis du Receveur, qui étoit absent par congé, en fit les fonctions un jour de distribution, & l'avoir fait sortir du Grenier.

Du 12 Juin 1744.

Arrest du Conseil, qui liquide à la somme de soixante-treize mille vingt-huit livres dix-sept sols onze deniers, l'indemnité dûe à Jacques Forceville, Adjudicataire des Fermes Générales Unies, pour le supplément du prix des Sels par lui fournis aux Cantons Suisses Catholiques, en consequence des Traités faits par le Roy; & au Chapitre de Besançon pendant la quatriéme année de son Bail.

Du 17 Juin 1744.

* Jugement de la Commission du Conseil, établie à Rheims; qui condamne Nicolas Drouet, du Village de Sery, Cavalier dans le Régiment d'Egmont, à la peine de mort; Jean-Baptiste la Clair, Boucher à Nouvion en Portieu, au fouet, à la flétrissure & aux galeres pour neuf ans; Louis de Sailly, dit S. Louis, dudit lieu de Nouvion, Cavalier dans le Régiment de Camille, au bannissement pour neuf ans; Jeanne-Marie la Clair, Fille Majeure, dudit Village de Nouvion, au bannissement pour cinq ans; & Etienne Mor, Laboureur audit Nouvion, au carcan, pour rebellion, violences & mauvais traitemens faits aux Employés des Fermes dans ledit Village de Nouvion.

Du 19 Juin 1744.

* Arrest du Conseil, qui ordonne que les Officiers de l'Election de Paris procéderont à la levée des scellés apposés sur les

effets du feu Sieur le Blanc, ci-devant Receveur des Entrées de Paris au Bureau du Port S. Nicolas, après toutefois que ceux apposés par le Sieur de Courcy, Commissaire au Châtelet, auront été par lui reconnus; à l'effet de quoi il sera tenu de comparoître à la premiere sommation qui lui en sera faite, sinon, & à faute de ce faire, que lesdits scellés seront brisés & rompus, après avoir été préalablement reconnus sains & entiers, pour être ensuite procédé par lesdits Officiers de l'Election à l'inventaire & description desdits effets, & jugement des contestations qui pourront se former à ce sujet, le tout en la maniere accoutumée.

Fait deffenses aux Officiers du Châtelet de troubler ceux de l'Election, & à tous Juges, autres que ceux des Aydes, Gabelles, Traittes & autres Fermes de Sa Majesté, d'apposer aucuns scellés sur les caisses & effets des Receveurs & autres Comptables desdites Fermes, soit en cas de mort ou autrement, & de s'immiscer à l'avenir dans la connoissance des affaires concernant les Fermes, à moins qu'ils n'en soient requis par les Fermiers ou Régisseurs, leurs Procureurs ou Commis, le tout à peine de nullité & de tous dépens, dommages & intérests, & sous telles autres peines qu'il appartiendra, Sa Majesté en attribuant, en tant que de besoin, la connoissance ausdits Juges des Fermes, à l'exclusion de tous autres, sauf l'appel de leurs Jugemens à la Cour des Aydes.

Du 19 *Juin* 1744.

Arrest du Conseil, par lequel le Roy accepte l'échange proposé par le Sieur Boutechoux, Seigneur de Villette, de sept Arpens de Bois défrichés au bord de la Forest de Mouchard, appartenant à Sa Majesté, & affectées aux Salines de Salins, contre la même quantité d'Arpens de Bois appartenant audit Sieur de Villette, dans le canton appellé la Charmette, joignant du côté du Couchant ladite Forest de Mouchard, à la charge par le Sieur de Villette de payer tous les frais dudit échange, ensemble ceux de visite, arpentage, bornage, & des plans qui seront levés des Terres & Bois échangés.

Du 19 Juin 1744.

Arrest du Conseil, qui évoque & renvoye pardevant M. l'Intendant de Dauphiné les procédures faites à la Commission du Conseil établie à Valence, contre le Sieur Bernard d'Hauterives, Receveur des Gabelles à Aoste, accusé d'avoir jetté sur la Masse de son Grenier des Sels de submergement par lui achetés des Employés des Fermes, & d'avoir fait couper les pieds de la Tremuye dudit Grenier, pour que le Sel ne tombât pas de si haut, & s'affessât moins, & celles commencées par les Juges des Gabelles de Grenoble, à la Requeste dudit Sieur d'Hauterives, contre le nommé Trecourt, ci-devant commandant la Brigade des Fermes à Aoste, que ledit Sieur d'Hauterives prétend être l'Auteur des procédures qui se font contre lui à la Commission de Valence, pour être le tout jugé souverainement par ledit Sieur Intendant, en appellant avec lui le nombre d'Officiers ou Gradués requis par l'Ordonnance.

Du 26 Juin 1744.

Arrest du Conseil, qui ordonne l'envoi à M. le Controlleur Général des Finances, des motifs de celui de la Cour des Aydes de Paris du 3 Aoust 1742, confirmatif d'une Sentence du Grenier à Sel de Laval du 5 May 1740, qui avoit annullé plusieurs procès-verbaux de vérification du Rolle des Tailles de la Paroisse de la Trinité de ladite Ville, dans lesquels les Collecteurs avoient obmis plusieurs feux & personnes, & ce sous prétexte que lesdits procès-verbaux n'avoient pas été clos lors de la visite faite dans la maison de chaque Particulier, ni les copies d'iceux données dans l'instant de leur redaction, & que les assignations avoient été données aux Collecteurs par les Employés plusieurs jours après la réduction des procès-verbaux, prétendant que dans ce cas lesdites assignations devoient être données par des Huissiers, quoique les différens actes de transport des Employés chez les Habitans fussent insérés de suite & dans le même contexte du procès-verbal, pour les motifs dudit Arrest de la Cour rapportés au Conseil, être ordonné ce qu'il appartiendra.

Du 26 Juin 1744.

* Jugement de la Commission du Conseil, établie à Rheims, qui condamne Joseph Boucher, dit Chevalier, à être rompu vif, pour avoir poignardé & assassiné sur le grand chemin la nommée Claude Poilblanc, femme du Sieur Jean-Baptiste Richard, Juge-Bailly de Baricourt, & l'avoir ensuite dépouillée & volée : pour aussi, lui cinquiéme, de dessein prémidité, assassiné un Employé des Fermes du Roy dans la Ferme de Saint Montaut, en avoir blessé un autre, & les avoir volés : condamne aussi la nommée Manon ou Nanon, à être pendue, pour complicite desdits assassinats & vols commis en la personne de la Femme Richard.

Du 4 Juillet 1744.

* Jugement de la Commission du Conseil, établie à Rheims, qui condamne Charles Dardard, se disant Laboureur, du Village de Remonville en Champagne, à être flétri des Lettres G. A. L. & aux galeres à perpétuité, pour les mauvais traitemens, violences & excès par lui exercés dans les lieux de S. Jean & Han, sur les nommés Appel & Machuré.

Du 4 Juillet 1744.

* Jugement de la Commission du Conseil, établie à Rheims, qui condamne François Terrier, ci-devant Employé des Fermes du Roy en la Ville d'Etaples, à être marqué des Lettres G. A. L. & à servir sur les galeres à perpetuité, pour prévarication & infidélité dans les fonctions de son emploi.

Du 9 Juillet 1744.

* Arrest du Conseil, portant que les Commis & Préposés à la Régie des biens des Religionnaires fugitifs, jouiront de l'exemption

exemption du logement des Gens de Guerre, ainsi qu'en jouissent les Employés des Fermes de Sa Majesté, & deffend aux Maires, Echevins & Officiers des Villes & Communautés d'en donner aucuns chez lesdits Commis & Préposés.

Du 10 Juillet 1744.

* Arrest du Conseil, portant que tous exploits de saisies, oppositions ou empêchemens à la délivrance & payement des sommes assignées & employées dans les Etats du Roy expédiés pour la distribution des deniers des Fermes, remboursement des avances des Fermiers, & tous autres remboursemens, charges & dépenses concernant la Régie desdites Fermes, seront visés & paraphés sans frais par le Sieur Maiziere, Receveur Général desdites Fermes; & fait deffenses à tous Huissiers & Sergens de mettre à exécution aucuns Arrests, Sentences Exécutoires & Contraintes contre lesdits Fermiers & leurs Cautions pour raison desdites Fermes, qu'après avoir remis & laissé pendant huitaine lesdits Exploits de saisies, Oppositions, Arrests, Sentences, Jugemens & autres Piéces dont ils seront porteurs, ès mains dudit Sieur Maiziere ou ses Successeurs, à peine de trois mille livres d'amende, & de tous dépens, dommages & intérests.

Du 10 Juillet 1744.

Arrest du Conseil, portant que Jacques Forceville, Adjudicataire des Fermes Générales Unies, sera remboursé de la somme de deux cens cinquante-trois mille cent quatre-vingt-treize livres dix-neuf sols six deniers, à laquelle montent les payemens faits des deniers de la cinquiéme année de son Bail, pour le supplément des rentes des Paroisses de Paris, Versailles, Marly & S. Germain en Laye, indemnités des reductions faites des nouvelles rentes desdites Paroisses de Paris sur les Aydes & Gabelles, & sur les Tailles; Remedes fournis par le Sieur Helvetius, & envoi d'iceux dans les Provinces; Ouvrages & reparations faites dans differens Bureaux & Manufactures; Droits accordés à la Ville de Lyon; Gratifications ou augmentations de salaires aux Mesureurs de Sel du Grenier de Paris, & autres dépenses mentionnées audit Arrest.

Du 10 Juillet 1743.

Arrest du Conseil, qui releve le Sieur Hanichard, Controlleur au Grenier à Sel de Falaise, de l'interdiction prononcée contre lui par celui du 21 Aoust 1742, pour s'être conduit dans les fonctions de sa Charge d'une maniere contraire au service du Grenier & du Public, lui enjoint d'être à l'avenir plus circonspect dans l'exercice desdites fonctions, & de se conformer aux Réglemens.

Du 13 Juillet 1744.

* Jugement de la Commission du Conseil, établie à Saumur, qui condamne le nommé Louis Lucas, dit Courtillon, de la Paroisse de Lugny, en trois ans de galeres, & en trois cens livres d'amende, pour Faux-saunage avec chevaux & attroupement au-dessus du nombre de cinq, sans armes; la Veuve Cardineau, du Village d'Archigny, à être fustigée & flétrie, & en trois cens livres d'amende, pour complicité dudit Faux saunage en récidive; & Charles Amonneau, dit Gaillard, Cabaretier au Bourg de Dangé, pour avoir donné retraite ausdits Faux-sauniers, en trois cens livres d'amende, & à demeurer responsable des peines pécuniaires prononcées contr'eux.

Du 14 Juillet 1744.

* Jugement de la Commission du Conseil, établie à Saumur, qui condamne Jean Pevel, ci-devant Employé des Fermes du Roy, en neuf années de galeres, pour Faux-saunage habituel avec chevaux & attroupement au-dessus du nombre de cinq, sans armes, & pour les cas de violence & vols dont il a été convaincu.

Du 16 Juillet 1744.

* Ordonnance de M. l'Intendant de la Généralité de Bour-

ges, qui décharge les Directeur & Commis aux Aydes de la Ville d'Issoudun, de l'Imposition faite sur eux pour reparation & construction du Pont de ladite Ville, conformément à la décision de M. le Controlleur Général du 7 Février 1744.

Du 17 Juillet 1744.

* Arrest du Conseil, qui déclare le Sieur Christophe Garvey, Négociant à Rouen, non-recevable dans son opposition à celui du 8 Novembre 1740, par lequel il a été condamné en la confiscation de trente-cinq mille livres pesant de Sel de verre qu'il avoit fait venir d'Angleterre à Rouen, en contravention à l'Arrest du Conseil du 6 Septembre 1701, portant Réglement pour le commerce avec l'Angleterre.

Du 17 Juillet 1744.

Arrest du Conseil, qui évoque & renvoye pardevant le Sieur Levet, Commissaire du Conseil à Valence, les procédures commencées par les Officiers des Gabelles d'Aigues-mortes, pour raison d'un vol fait le 15 Juin précédent près Silvereal, de vingt-trois sacs de Sel chargé sur des Barques, nonobstant la revendication de cette affaire faite par la Cour des Aydes de Montpellier.

Du 20 Juillet 1744.

* Jugement de la Commission du Conseil, établie à Saumur, qui condamne le nommé Marchelidan en trois ans de galeres & en trois cens livres d'amende; & Georges Debiais à être fustigé, flétri de la Lettre G, & en cent livres d'amende, pour Faux saunage avec attroupement au-dessus du nombre de cinq, sans armes; le premier à cheval & le second à porte-col.

Du 24 Juillet 1744.

Arrest du Conseil, qui déboute les Propriétaires des Bois affectés aux Salines de Salins en Franche Comté, de leur demande, tendante à ce que le prix de leur Bois fût fixé à trois livres dix sols, au lieu de cinquante sols la corde à quoi le prix des Bois destinés à l'usage de la Saline de Lons-le-Saunier a été réglé par les Ordonnances de M. Maclot, Commissaire du Conseil pour la reformation & administration desdits Bois, des 6 Novembre 1724 & 22 Octobre 1732,

Du 24 Juillet 1744.

* Arrest du Conseil, qui ordonne l'exécution de celui du 6 Juillet 1666, concernant le Poisson salé entrant en Provence, ainsi que d'une Sentence de la Maîtrise des Ports de Marseille du 19 Juin 1743, au chef qui juge que le Droit de six sols par Baril de Sardines salées, Anchois & Maquereaux, du poids de vingt livres, sera acquitté au Poids de Table; infirme ladite Sentence, en ce qu'elle décharge dudit Droit les Sardines pressées & séchées, dites Harencades; & ordonne que le Droit sera perçû sur lesdites Harencades comme sur l'autre Poisson, au poids de Table.

Du 27 Juillet 1744.

* Jugement de la Commission du Conseil, établie à Saumur, qui condamne Louis Coisnon, dit l'Escobu ou la Grenouille, du Village de Beligné en Bretagne, en neuf années de galeres, pour crime de Faux-saunage avec chevaux, & attroupement au-dessus du nombre de cinq, & pour les cas de récidive.

Du 27 Juillet 1744.

* Jugement de la Commission du Conseil, établie à Saumur, qui condamne le nommé Thugal Grimau, du Village de S. Germain de Fouilloux, en six ans de galeres, pour crime de Faux-saunage avec attroupement au-dessus du nombre de cinq, sans armes & en récidive.

Du 30 Juillet 1744.

* Jugement de la Commission du Conseil, établie à Saumur,

qui condamne Paul Bottier, Silvain Saleſſe, Silvain Cheroux, de la Paroiſſe d'Eguzon, à être fuſtigés, flétris & marqués de la Lettre G, & en cent livres d'amende; Pierre Bouſſaton, auſſi de la même Paroiſſe d'Eguzon, en ſix ans de galeres, & en trois cens livres d'amende, pour crime de Faux-ſaunage avec attroupement au nombre de cinq & au-deſſus, ſans armes, ledit Bouſſaton en récidive; & Silvain Audouſſet, dit Cazot, du Village de Proges, Paroiſſe de Verſillac, en deux cens livres d'amende, pour commerce de Sel au préjudice des Ordonnances.

Du 3 Aouſt 1744.

* Jugement de la Commiſſion du Conſeil, établie à Saumur, qui condamne Pierre Beaudeux, de la Paroiſſe de Juvigné, en neuf ans de galeres, & en trois cens livres d'amende, pour crime de Faux-ſaunage habituel à la tête de Bandes de quinze, trente & quarante Porte-à-col.

Du 6 Aouſt 1744.

* Jugement de la Commiſſion du Conſeil, établie à Saumur, qui condamne François le Brun, de la Paroiſſe de la Chapelle d'Erbrée, en trois années de galeres, & en trois cens livres d'amende, pour crime de Faux-ſaunage avec attroupement au nombre de ſept & ſans armes.

Du 7 Aouſt 1744.

* Arreſt du Conſeil, & Lettres Patentes, *regiſtrées en la Cour des Aydes de Rouen les 28 Septembre & 20 Novembre ſuivant*, qui en interprétant, en tant que beſoin, la Déclaration du 23 Mars 1688, ordonnent que les condamnations en la perte du Privilége de Franchiſe, prononcées contre les Femmes prévenues de Faux-ſaunage, ſeront regardées comme peines pécuniaires, dont les Maris demeureront ſolidairement reſponſables, & en conſequence déclarent les nommés Pierre d'Elinard & Jean Vallery, Habitans de la Ville d'Eu, déchus de leur Privilége du Sel de Franchiſe.

Du 7 Aoust 1744.

* Arrest du Conseil, qui déboute Claude Guillard, Laboureur de la Paroisse du Fay, de son opposition à celui du 4 Février précédent, par lequel, en cassant celui du Parlement de Dijon du 12 Juillet 1743, pour avoir annullé un procès-verbal, sous prétexte que les Commissions des Employés qui l'ont dressé ne se sont pas trouvées enregistrées aux Greffes des Jurisdictions où ils avoient prêté serment, quoiqu'elles fussent revêtues de l'acte de prestation de serment mis sur icelle par les Greffiers desdites Jurisdictions, ledit Guillard a été condamné en deux cens livres d'amende, pour saisie domiciliaire de Sel blanc trouvé chez lui.

Du 11 Aoust 1744.

* Jugement de la Commission du Conseil, établie à Saumur, qui condamne Pierre Boissard, du Village de Châlons, près Laval, aux galeres à perpétuité, & en quatre cens livres d'amende, pour Faux-saunage à cheval, avec attroupement au-dessus du nombre de cinq, & armé de pistolets, & René Poirier, dit Boisbel ou le Poil rouge, aussi du lieu de Châlons, aux galeres pendant neuf années, & en trois cens livres d'amende, pour commerce de faux Sel à cheval, avec attroupement au-dessus du nombre de cinq.

Du 13 Aoust 1744.

* Jugement de la Commission du Conseil, établie à Saumur, qui condamne Jean Trois, de la Paroisse de Conty, en trois annés de galeres & en trois cens livres d'amende, pour Faux-saunage à cheval, avec attroupement au nombre de six & sans armes.

Du 17 Aoust 1744.

* Jugement de la Commission du Conseil, établie à Saumur, qui condamne Jean Dessier, dit la Guerle, sans profession ni domicile, aux galeres à perpétuité, & en cinq cens livres d'a-

mende, pour avoir fait le Faux-ſaunage à cheval avec attroupement au-deſſus du nombre de cinq, & ſans armes.

Du 20 Aouſt 1744.

* Jugement de la Commiſſion du Conſeil, établie à Valence, par lequel Jacques Roux, ci-devant Garde ſedentaire à la Paliſſe en Bourbonnois, a été condamné à cinq années de banniſſement hors des Provinces de l'étendue de la Commiſſion; & Claude Thomin Duretour, auſſi Garde ſedentaire à la Paliſſe, de même que François Jacquet, auſſi Employé, ont été bannis pour trois ans des mêmes Provinces, pour avoir exigé une ſomme de cent trente-deux livres, pour remettre en liberté le nommé Martin Ligogné décrété de priſe de corps à la Commiſſion, qu'ils avoient arrêté.

Du 20 Aouſt 1744.

* Jugement de la Commiſſion du Conſeil, établie à Saumur, qui condamne Guillaume Corbeau, Tiſſier, aux galeres à perpétuité, & en cinq cens livres d'amende, pour avoir fait par habitude le Faux-ſaunage à cheval, avec attroupement au-deſſus du nombre de cinq, & ſans armes; ſurſeoit au Jugement de Jean Tellandier; ordonne qu'il ſera plus amplement informé à l'encontre de Pierre Marchand, & renvoye abſous François Bouvier, Jean Aujart & Jacques Delorme.

Du 21 Aouſt 1744.

* Jugement de la Commiſſion du Conſeil, établie à Rheims, qui condamne Marie-Catherine Rejardé, du Village d'Etave en Picardie, & Marie-Marguerite le Duc, du Village de Seboncourt, même Province, à être fuſtigées & bannies pour trois ans, & ſolidairement en cent livres d'amende chacune, pour crime de Faux-ſaunage avec attroupement au nombre de cinq.

Du 21 *Aoust* 1744.

Arrest du Conseil, qui ordonne l'exécution de ceux des 14 Septembre 1694 & 16 Janvier 1703, & en conséquence, que le prix du Sel de Franchise qui sera délivré aux Habitans de la Ville d'Eu, tant pour leur provision que pour la salaison du Poisson de leur pêche, sera par eux payé à raison de deux cens vingt livres le muid en tems de Guerre, quoiqu'il ait été voituré & emplacé en tems de Paix, & qu'il ne sera payé en tems de Paix, qu'à raison de quatre-vingt-dix livres le muid, quoiqu'il ait été voituré & emplacé en tems de Guerre.

Du 21 *Aoust* 1744.

Arrest du Conseil, qui casse une Sentence du Grenier à Sel de S. Valery en Caux, du 12 Juin précédent, pour avoir ordonné que la fourniture du Sel de Franchise aux Habitans de ladite Ville, seroit faite de Sel de rapport de la Pêche, dont la mauvaise qualité peut occasionner des maladies ; deffend d'en délivrer d'autre que de celui de Brouage neuf, si mieux n'aiment lesdits Habitans s'approvisionner au Grenier de ladite Ville ; deffend pareillement ausdits Officiers de rendre de pareilles Sentences, à peine d'interdiction, & de tous dépens, dommages-intérests.

Du 21 *Aoust* 1744.

Arrest du Conseil, pour imposer sur les Habitans sujets à l'impost du Sel de la Paroisse de Montaudain, une somme de soixante-six livres quinze sols six deniers en faveur des nommés Michel Mottier, Jean Pommereul, Jean Triquet, & Mathurin Moulaubault, principaux Habitans de ladite Paroisse, qui l'ont avancée & payée au Receveur des Gabelles d'Ernée à la décharge des Collecteurs de l'Impost de ladite Paroisse en l'année 1741, qui se sont trouvés insolvables après la discussion de leurs effets & biens.

Du

Du 22 Aoust 1744.

* Jugement de la Commission du Conseil, établie à Saumur, qui déclare plusieurs Peres & Meres responsables d'amendes prononcées contre leurs Enfans, pour Faux-saunage.

Du 23 Aoust 1744.

* Arrest du Conseil, qui ordonne que les Huissiers de l'Election & du Grenier à Sel de la Ville de Meaux, les Huissiers au Châtelet de Paris, & tous autres Huissiers & Sergens Royaux residans en ladite Ville, seront tenus de se trouver au mandement des Lieutenant Criminel & Procureur du Roy audit Bailliage, pour y faire le service nécessaire, aussi-tôt qu'ils y seront appellés, par rapport à l'instruction & au Jugement des procès criminels qui sont pendans audit Bailliage.

Du 26 Aoust 1744.

* Jugement de la Commission du Conseil, établie à Rheims, qui condamne Marie-Marguerite Flamand, du Village de Seboncourt en Picardie, à être fustigée & bannie pour cinq ans, & en cent livres d'amende, pour crime de Faux-saunage avec attroupement au-dessus du nombre de cinq.

Du 27 Aoust 1744.

* Jugement de la Commission du Conseil, établie à Saumur, qui condamne René Genest, Mineur, à être fustigé & marqué de la Lettre G, & en cent livres d'amende, pour Faux-saunage à col, avec attroupement au nombre de dix-sept sans armes, & rend la Mere dudit Genest civilement & solidairement responsable de l'amende & des dépens.

Du 4 Septembre 1744.

* Jugement de la Commission du Conseil, établie à Saumur,

qui condamne Luc Gervais, du Village de Breau, Paroiſſe de la Chapelle S. Hypolite, en trois années de banniſſement hors l'étendue de la Généralité de Tours, en trois cens livres d'amende, pour avoir fourni des Vivres à une Bande de Faux-ſauniers à cheval, & leur avoir prêté des Balances pour débiter chez lui du faux Sel.

Du 5 Septembre 1744.

* Jugement de la Commiſſion du Conſeil, établie à Saumur, qui condamne un Faux-ſaunier aux galeres perpétuelles, deux en neuf années de galeres, & deux autres en trois années, pour crime de Faux-ſaunage à cheval.

Du 7 Septembre 1744.

* Jugement de la Commiſſion du Conſeil, établie à Valence, par lequel François Pulhod, dit Gabeure, pere de Pierre, & Pontonnier au Port de Luſſey en Bugey, a été condamné à trois cens livres d'amende, pour avoir en contravention aux Réglemens, ſouffert que l'on ait traverſé des Beſtiaux ſur le Rhône pendant la nuit avec le Batteau dudit Port pour les faire ſortir en fraude.

Du 9 Septembre 1744.

* Jugement de la Commiſſion du Conſeil, établie à Valence; par lequel les nommés Claude Tiſſerand, du lieu de Sainte Croix dans la Breſſe Chalonnoiſe, Philibert Moine, du lieu de Monpont, & Claude Billiet, du lieu de la Chapelle, ont été condamnés au fouet par l'Exécuteur de la Haute Juſtice, & au banniſſement pour trois années des Provinces de l'étendue de la Commiſſion, pour Faux-ſaunage & Contrebande en Tabac reſultans du procès.

Du 10 Septembre 1744.

* Jugement de la Commiſſion du Conſeil, établie à Valence; par lequel le nommé Claude Pommier, du lieu de Diconne dans

la Bresse Chalonnoise, a été condamné à servir comme forçat sur les galeres du Roy, pendant l'espace de trois années, préalablement marqué sur l'épaule dextre par l'Exécuteur de la Haute Justice avec un fer chaud, portant l'empreinte des Lettres G. A. L. pour avoir fait le Faux-saunage & la Contrebande en Tabac, au nombre de cinq, sans armes.

Du 11 Septembre 1744.

* Jugement de la Commission du Conseil, établie à Valence, qui condamne par contumace le nommé Beaumont, Cordonnier, & Luc Verdon, & contradictoirement Claude Guiffrey aussi Cordonnier, tous du lieu de Chaparillan en Dauphiné; sçavoir, ledit Beaumont à être pendu, & lesdits Luc Verdon & Claude Guiffrey aux galeres pour cinq années, pour rebellion par eux faite avec plusieurs autres Particuliers armés de fusils, à trois Employés des Fermes du Roy de la Brigade dudit lieu de Chaparillan, la nuit du 28 Décembre 1743, & autres faits mentionnés audit Jugement.

Du 18 Septembre 1744.

* Jugement de la Commission du Conseil, établie à Rheims, qui condamne François Parquet, natif de Meneville-le-Bingard en basse Normandie, sans domicile, en cinq années de galeres, & en mille livres d'amende, pour les cas de Faux-saunage & Contrebande en Tabac par attroupement au nombre de quatorze, sans armes.

Du 18 Septembre 1744.

* Jugement de la Commission du Conseil, établie à Rheims, qui condamne Louis Bourré, dit Montfort, se disant Louis Vatin, du Village de Seboncourt en Picardie, en trois années de galeres, & en trois cens livres d'amende, pour Faux-saunage avec récidive, resultans du procès.

Du 19 Septembre 1744.

Arrest du Conseil, pour faire tenir compte à Jacques Forceville, Adjudicataire des Fermes Générales Unies, sur le prix de son Bail, de la somme de trois cens quatre-vingt-quinze livres par lui payée au nommé Chantat, pour reparations faites au Grenier à Sel de Châteaudun, appartenant au Roy.

Du 19 Septembre 1744.

Arrest du Conseil, rendu à l'occasion du nommé le Fevre arrêté conduisant un batteau dans lequel il y avoit deux poches de Sel blanc, qui ordonne que M. le Procureur Général de la Cour des Aydes de Rouen enverra à M. le Controlleur Général des Finances les motifs d'un Arrest de ladite Cour, du 11 Aoust précédent, confirmatif d'une Sentence de la Jurisdiction des Traittes & Quartbouillon de S. Lo, du 20 Décembre 1743, en ce qu'elle annulle une Requeste tendante à la repétition des Employés, sous prétexte qu'elle n'étoit pas dans la forme prescrite par l'Ordonnance Criminelle de 1670, & a renvoyé au surplus les Parties devant d'autres Juges pour recommencer l'instruction, nonobstant les Articles 19, 20 & 21 du Titre 17 de l'Ordonnance des Gabelles de 1680, & les Arrest & Lettres Patentes des 23 Janvier & 6 Février 1725, en consequence desquels les Juges ne sont point assujettis aux formalités prescrites par l'Ordonnance Criminelle dans les procès-verbaux contre les Faux-sauniers, lorsqu'ils n'ont point encouru de peines afflictives, pour les motifs dudit Arrest de la Cour des Aydes vûs & examinés, être ordonné ce qu'il appartiendra, toutes choses jusqu'à ce demeurant en état.

Du 19 Septembre 1744.

Arrest du Conseil, qui évoque les contestations introduites en la Cour des Aydes de Paris, entre les Sieurs Nicolas-Antoine Chevalier, Président en la Jurisdiction des Traittes des Villes de Charleville, Mezieres, Donchery & dépendances, Substitut de M. le Procureur Général de la Cour des Aydes en la Jurisdiction des Traittes de Sedan & Rocroy, & Subdélégué de la Commission du Conseil établie à Rheims; le Sieur Dumesnil, Président de la Jurisdiction des Traittes de Sedan & Rocroy, & des Déposts des Sels de Mezieres; le Sieur Benissein, Propriétaire du Greffe, dont l'état est celui d'Avocat & Procureur postulant en ladite Jurisdiction des Traittes de Sedan & Rocroy, où il plaidoit & postuloit avant qu'il fût Propriétaire du Greffe d'icelle; le Sieur Philippes-Joseph Guilly, Commis-Greffier en ladite Jurisdiction de la Subdélégation dudit Sieur Colleau; le Sieur de Montimont, Procureur du Roy des Déposts des Sels, & le Sieur Suau, Avocat & Procureur postulant dans ladite Jurisdiction; au sujet de la prétendue incompatibilité entre les fonctions de Subdélégué & de Greffier de la Subdélégation, dont lesdits Sieurs Chevalier & Guilly font les fonctions; ordonne que sur lesdites contestations les Parties procéderont au Conseil, & que la Requeste dudit Sieur Chevalier sera communiquée audit Sieur Dumesnil, pour y fournir de reponse, sinon qu'il sera fait droit aux Parties, ainsi qu'il appartiendra.

Du 19 Septembre 1744.

* Jugement de la Commission du Conseil, établie à Valence, par lequel le nommé Joseph Frangue, ci-devant Employé dans la Brigade des Fermes à Chaparillan, a été condamné au bannissement pour trois ans hors des Provinces de l'étendue de la Commission, pour fausse déposition & sollicitation, resultans du procès.

Du 22 Septembre 1743.

* Jugement de la Commission du Conseil, établie à Valence, qui condamne le nommé Gilbert Fangotier, Travailleur de terre, du lieu de Vasselle près du Pont du Château en Auvergne, aux galeres à perpétuité, préalablement marqué sur l'épaule dextre par l'Exécuteur de la Haute Justice, avec un fer chaud portant l'empreinte des Lettres G. A. L. pour avoir été arrêté armé le 10 Juillet 1743, conduisant, avec six autres Particuliers aussi armés, onze chevaux,

Du 23 Septembre 1744.

* Jugement de la Commiſſion du Conſeil, établie à Valence, qui condamne Joſeph Formiguet, ci-devant Cavalier dans le Regiment Dauphin, Cavalerie, du lieu de Montetquiou près Auſch en Gaſcogne, à trois années de galeres, préalablement marqué d'un fer chaud, portant l'empreinte des Lettres G. A. L. pour rebellion, mauvais traitemens & vol fait par ledit Formiguet à deux Employés des Fermes du Roy.

Du 23 Septembre 1744.

* Jugement de la Commiſſion du Conſeil, établie à Valence, par lequel les nommés Morin, dit Ratier, du lieu de S. Clement en Bourbonnois, & Georges Petelet, du lieu de Chateldon auſſi en Bourbonnois, ont été condamnés ; ſçavoir, ledit Morin, dit Ratier, aux galeres pour trois ans, faute par lui d'avoir ſatisfait dans le mois au Jugement rendu le 15 Mai dernier, qui le condamnoit à trois cens livres d'amende, pour avoir fait le Faux-ſaunage avec attroupement au-deſſous du nombre de cinq, & avec chevaux, ſans armes ; & ledit Petelet au fouet, faute auſſi par lui d'avoir ſatisfait dans le mois au Jugement rendu le 12 Mai dernier, qui le condamnoit à deux cens livres d'amende, pour avoir fait le Faux-ſaunage à porte-col, & ſans armes.

Du 24 Septembre 1744.

* Jugement de la Commiſſion du Conſeil, établie à Valence, qui condamne par contumace Joſeph Eſtival, Jean Lafaille & Jacques-Joſeph Croiſſette, Employés des Fermes du Roy de la Brigade de Charme en Vivarez : ſçavoir, leſdits Eſtival & Lafaille à être pendus, & ledit Croſſette à trois années de galeres, & ſolidairement en trois cens livres d'amende chacun, pour vol & enlevement des Sels ſur des Barques où étoient ceux deſtinés pour le Grenier de Beauchâtel ; & contradictoirement Jacques-Antoine le Seurre, & Jean-Pierre Terry, Lieutenant

& Employé de ladite Brigade ; sçavoir, ledit le Seurre à cinq années de galeres, & en trois cens livres d'amende, & ledit Terry au bannissement pour cinq années hors des Provinces de l'étendue de la Commission, & en deux cens livres aussi d'amende, pour les cas de négligence à la garde desdits Sels la nuit du 28 au 29 Mai dernier, & Jean-Louis Felet, Laboureur de la Paroisse dudit Beauchastel, & Elizabeth Terras, Femme d'Antoine Cleyssat, Cabaretier du même lieu ; sçavoir, ledit Felet au bannissement pour trois années desdites Provinces, & en cent livres d'amende ; & ladite Terras en deux cens livres aussi d'amende, pour les cas de faveur par eux prêtée ausdits Employés, resultans du Procès.

Du 25 Septembre 1744.

Arrest du Conseil, qui commet M. Chauvelin, Intendant en Picardie, pour faire l'adjudication des reparations à faire au Grenier à Sel d'Albert appartenant au Roy, du prix desquelles l'Entrepreneur sera payé sur les Ordonnances dudit Sieur Intendant par Thibault Larue, Adjudicataire des Fermes Générales Unies, auquel il en sera tenu compte sur le prix de son Bail.

Du 29 Septembre 1744.

* Jugement de la Commission du Conseil, établie à Valence, qui condamne les nommés Claude & Pierre Bigeois Freres, & Jeanne Auvigne, leur Mere, ci-devant Concierges des Prisons Royales de la Ville de Dijon, ont été condamnés ; sçavoir, ledit Claude à être blâmé de la négligence par lui apportée à l'égard du nommé Jean Corrotte, dit le Frisé, qui s'évada desdites Prisons la nuit du 29 au 30 Janvier 1741, & en trois livres d'amende envers le Roy ; & lesdits Pierre Bigeois & Jeanne Auvigne à être admonesté sur le meme fait ; & en outre à trois livres d'aumône chacun envers les Pauvres de l'Hopital dudit Dijon, & tous les trois en tous les dépens solidairement.

FIN.

TABLE

DES EDITS, DECLARATIONS;

ARRESTS ET REGLEMENS,

RENDUS pendant la sixiéme année du Bail de Me. JACQUES FORCEVILLE.

Commencée le premier Octobre 1743. & finie le dernier Septembre 1744.

CONCERNANT les Aydes, Entrées, Pied-Fourché & Droits y joints, Papier & Parchemin Timbrés, Domaine & Barrage, Poids le Roy, Domaines de Flandre, Marque d'Or & d'Argent, Marque des Fers, Impôts & Billots de Bretagne, Droits sur le Poisson, Droits rétablis aux Entrées & sur les Ports, Quays, Halles, Places & Marchés de la Ville & Fauxbourgs de Paris, & aliénés aux Officiers créés par l'Edit du mois de Juin 1730. Inspecteurs aux Boucheries & des Boissons, Courtiers-Commissionnaires & Jaugeurs de Futailles, Droits appartenans à la Ville de Paris, à l'Hôpital Général, & à l'Hôtel Dieu.

Du premier Octobre 1743.

ARREST contradictoire du Conseil, qui déboute les Négocians du Havre & les Syndics de la Chambre du Commerce pour la Province de Normandie, de leur demande, fins & conclusions, tendantes à ce que les Vins & Eaux-de-vie venus de Bordeaux au

Havre, & destinés pour le Commerce des Isles & Colonies Françoises de l'Amérique, fussent exempts des Droits de Courtiers-Jaugeurs, & ordonne l'exécution des Edits, Déclarations & Lettres Patentes des mois d'Avril 1696, 23 Octobre 1708, Avril 1717 & 15 Mai 1722, concernant lesdits Droits & le Commerce des Isles, ensemble des contraintes décernées par le Fermier des Aydes de la Généralité de Rouen pour le payement desdits Droits.

Du 8 Octobre 1743.

Arrest du Conseil, qui homologue deux Délibérations prises les 27 Septembre & 6 Décembre 1741, par la Communauté des Inspecteurs sur les Vins & autres Boissons entrans dans Paris, en ce qu'elles portent qu'au lieu des douze Syndics Généraux & pepétuels de ladite Communauté choisis pour en administrer toutes les affaires, il en sera seulement toujours pris six dans ce nombre & six dans celui des autres Officiers de ladite Communauté pour composer le même nombre de douze Syndics; & ordonne néanmoins que chacun des douze anciens Syndics désignés par l'Arrest du 15 Juin 1734, continueront de jouir des deux minots de Franc-salé à eux attribués relativement ausdites Délibérations.

Du 11 Octobre 1743.

* Sentence des Prevost des Marchands & Echevins de la Ville de Paris, qui condamne Philippes le Vieux, Marchand de Bois Forain, & Angelique le Vieux, sa Commissionnaire, solidairement en trois cens livres d'amende, pour avoir substitué un Batteau de Charbon arrivé le 29 Aoust dernier, déclaré sous le Numero 144, à un autre Batteau arrivé le premier Décembre 1742, & étant actuellement aux Garres sous le Pont de Charenton, & declaré sous le Numero 302, contenant quarante-cinq muids ou environ; avoir supposé que le Batteau vuide au Port de la Messagerie, étoit un Allege du susdit Batteau Numero 144, & n'avoir voulu faire déclaration au Bureau des Officiers Metteurs à port; & qui leur fait deffenses de

récidiver, à peine d'interdiction du Commerce & de la Commission.

Du 13 Octobre 1743.

Resultat du Conseil, portant Bail des Fermes Générales Unies sous le nom de Thibault la Ruë, pour six années à commencer du premier Octobre 1744, pour les Gabelles, Cinq Grosses Fermes, Aydes & Droits y joints, & du premier Janvier 1745, pour les Domaines, Controlle des Actes, Insinuations, Centiéme Denier, Greffes, Amortissemens & Droits y joints, aux prix, charges & conditions y portées.

Du 13 Octobre 1743.

* Déclaration du Roy, qui continue pendant les six années du Bail des Fermes Générales Unies sous le nom de Thibault la Ruë, la levée & perception du Doublement des Droits du Domaine, Barrage, & Poids-le-Roy de Paris, du Droit d'Augmentation ou Rehaussement du Sel qui se consomme & distribue en Franche-Comté, des Droits de Courtiers-Jaugeurs, de ceux d'Inspecteurs aux Boucheries & aux Boissons, des Droits Manuels sur le Sel, de ceux reservés dans les Cours, Chancelleries, Présidiaux, Bailliages, & autres Siéges & Jurisdictions, ensemble des deux & quatre sols pour livre de ceux des Droits des Fermes qui y sont sujets.

Registrée au Parlement, Chambre des Comptes & Cour des Aydes de Paris, les 20 Décembre 1743, 14 & 30 Janvier 1744.

Au Parlement & à la Chambre des Comptes de Grenoble, les 5 & 13 Mars 1744.

Au Parlement d'Aix, le 23 Mars, & à la Chambre des Comptes de Provence, le

Au Parlement de Rouen, le 17 Mars, & à la Chambre des Comptes & Aydes, les 5 & 11 desdits mois & an 1744.

Au Parlement de Rennes, le 26 desdits mois & an.

A celui de Toulouze, le 18.

Au Parlement & à la Cour des Aydes de Bordeaux, les 12 & 18 Mars.

Au Parlement de Pau, les 18 & 26 dudit,

A celui de Dijon, le 20 dudit & le 30 Avril.
A celui de Metz, le 5 Mars.
A celui de Douay, le 6 dudit.
A celui de Besançon, le 3 dudit.
A la Cour des Comptes, Aydes & Finances de Dole, le 5 dudit.
A celle de Montpellier, le 21 dudit.
A la Cour des Aydes de Clermont-Ferrand, le 18 dudit.
A celle de Montauban, le 21 Avril.
Au Conseil Supérieur de Colmar, le
Et à celui de Perpignan, le 6 Mars de la même année 1744.

Du 15 Octobre 1743.

*Arrest du Conseil, pour la prise de possession du Bail des Fermes Générales Unies, sous le nom de Thibault Larue, pendant six années, à commencer du premier Octobre 1744, pour les grandes & petites Gabelles, Droits manuels sur les Sels, Gabelles des Trois Evêchés, Domaines & Gabelles de Franche-Comté, & Droit de rehaussement sur le Sel dans ladite Province, Cinq Grosses Fermes, Droits sur les Huilles & Savons, Aydes, Entrées de Paris, Impots & Billots, & Formules de Bretagne, Marque d'Or & d'Argent, Marque des Fers, Formules dans les Pays où les Aydes ont cours, Domaine, Barrage, & Poids le Roi aux Entrées de Paris, Jauge & Courtage, Courtiers-Jaugeurs, Inspecteurs aux Boucheries & Boissons, Droits sur les Suifs à Paris, & pour la Ferme du Tabac; & au premier Janvier 1745, pour les Domaines de France, & Controlle des Exploits, Domaines de Flandre, Haynault, Artois, Alsace, & Principauté d'Orange, Controlle des Actes, Sceaux & Insinuations Laïques, Greffes, Amortissemens, Francs-Fiefs, Formules dans les Provinces où les Aydes n'ont point cours, nouvelle Formule des Notaires de Paris, Droits réservés dans les Cours & Jurisdictions du Royaume, Gages intermédiaires, Domaine d'Occident en France, Droits casuels réunis au Domaine, & autres Droits compris au Bail dudit Larue, deux & quatre sols pour livre de ceux de tous lesdits Droits qui y sont sujets.

Permet audit Larue & à ses Sous-Fermiers de se servir des Timbres actuellement en usage.

Dispense les Employés qui ont prêté serment pendant les précédens Baux, & Sous-Fermes, de le prêter de nouveau; leur permet de verbaliser dans le Ressort des Jurisdictions où ils pourront se trouver; défend aux Juges d'annuller leurs Procès-verbaux, sous prétexte que leurs noms ne se trouveroient point inscrits dans un Tableau déposé au Greffe de leur Jurisdiction.

Permet audit Larue, & à ses Sous-Fermiers, d'entretenir ou de resilier les Baux à loyer des Maisons & Greniers, ensemble les Abonnemens, Traités & Marchés qui peuvent avoir été ci-devant faits par les précédens Fermiers & Sous-Fermiers, de partie desdites Fermes & Droits.

Régle les Droits d'enregistrement dudit Arrêt, & ceux de reception & prestation de serment des Employés; & ordonne que les Réglemens rendus au profit des précédens Fermiers, seront exécutés en faveur dudit Larue, & de ses Sous-Fermiers, comme s'ils avoient été rendus sous leurs noms.

Du 15 Octobre 1743.

Arrest du Conseil, qui fixe le prix des Baux des Sous-Fermes des Aydes, Domaines & autres pour les six années du Bail de Thibault Larue, à commencer du premier Octobre 1744, pour les Aydes & Droits y joints, & du premier Janvier 1745, pour les Domaines, Controlle des Actes, Greffes, Amortissemens, Francs-Fiefs & Droits y joints.

Du 15 Octobre 1743.

* Arrest du Conseil, qui continue pendant les six années du Bail de Thibault Larue, à commencer du premier Octobre 1744, les abonnemens ci-devant faits dans plusieurs Provinces & Généralités du Royaume, pour tenir lieu des Droits de Courtiers-Jaugeurs, & de ceux d'Inspecteurs aux Boucheries & des Boissons.

Du 15 Octobre 1743.

* Arrest du Conseil, portant qu'à commencer du premier Octobre de l'année prochaine 1744, dans les Provinces où les Aydes ont cours, & du premier Janvier 1745, dans les autres Provinces du Royaume, il ne pourra être employé d'autres papiers & parchemins timbrés, que de ceux des nouveaux timbres de Thibault Larue, Adjudicataire des Fermes Générales Unies, & de ceux des nouveaux Sous Fermiers, sans qu'ils soient tenus de contre-timbrer gratis, ni reprendre ou échanger les papiers ou parchemins qui pourroient leur être rapportés.

Du 15 Octobre 1743.

Arrest Contradictoire du Conseil, qui déboute les RR. PP. Recolets de la Ville du Blanc en Berry, de l'appel par eux interjetté d'une Ordonnance de M. l'Intendant de Bourges du 12 Juillet précédent, qui les condamne au payement des Droits d'Inspecteurs aux Boissons pour les Vins de leur provision, même sur ceux provenant de leurs questes, & à souffrir les visites & inventaires de leurs Vins.

Du 16 Octobre 1743.

* Déclaration du Roi, pour le recouvrement des Gages intermédiaires, & du montant des Abonnemens des Droits de Courtiers-Jaugeurs, Inspecteurs aux Boucheries & aux Boissons, Huiles & Savons, & nouveaux Acquêts ou Usages dûs par les Communautés Laïques, du Bail de Thibault Larue.

Registrée en la Chambre des Comptes de Paris le 24 Octobre 1744.

En celle de Rouen le 26 Septembre.

Au Parlement & Chambre des Comptes de Pau les 7 Septembre & 21 Décembre.

A la Chambre des Comptes de Montpellier le 9 Septembre.

A celle de Dijon le 27 Novembre.

Au Parlement & Chambre des Comptes de Metz le 27 Août.

A la Chambre des Comptes de Grenoble le 19 Décembre.
A celle de Dole le 21 Août de la même année 1744.
A celle d'Aix le
Et à celle de Nantes le 30 Mars 1748.

Du 16 Octobre 1743.

* Déclaration du Roi, portant Réglement pour l'instruction des Affaires Criminelles dans les Jurisdictions des Elections, Greniers, & Dépôts des Sels & des Traittes ou Cinq Grosses Fermes. *Contenant cinq Articles.*

Registrée en la Cour des Aydes de Paris le 4 Décembre 1743.
Au Parlement de Grenoble le 20 Mars 1744.
A la Cour des Aydes de Provence le 27 dudit.
A celle de Rouen le 17 Avril suivant.
Au Parlement de Bretagne le 26 Mars.
A la Cour des Aydes de Bordeaux le 18 Avril.
Au Parlement de Pau le 13 dudit.
A celui de Dijon le 24 Mars.
A celui de Metz le 19 dudit.
A la Cour des Aydes de Dole le 16 dudit.
A celle de Montpellier le 28 dudit.
A celle de Clermont-Ferrand le 23 Mars.
A celle de Montauban le 20 Avril.
Et au Conseil Superieur de Perpignan le 24 Mars de la même année 1744.

Du 22 Octobre 1743.

Arrest Contradictoire du Conseil, qui déboute Jean Robert, Boucher à Chaniere, ci devant Resident & faisant son Commerce dans la Ville de Saintes, de sa Requeste & Demande; ordonne que ledit Robert sera tenu de faire sa déclaration au plus prochain Bureau du lieu de sa residence, de tous les Bestiaux qu'il voudra tuer, & d'en payer les Droits d'Inspecteurs aux Boucheries, conformément aux Edits, Déclarations, Arrests & Réglemens, sous les peines y portées; & enjoint au Sieur Intendant de la Généralité de la Rochelle de tenir la main à l'exécution dudit Arrest.

Du 4 Novembre 1743.

* Départemens de Messieurs les Fermiers Généraux, pour le service des Fermes Royales Unies, pendant la sixiéme année du Bail de Jacques Forceville.

Du 5 Novembre 1743.

* Arrest du Conseil, qui homologue une Délibération passée le 14 Mars 1742 par la Communauté des Conseillers du Roy, Inspecteurs sur les Vins qui entrent dans Paris, & ordonne que sur les huit duplicata de l'Arrest du Conseil du 19 May 1733, déposés chez les Notaires y dénommés, il sera seulement fait mention par eux des emprunts de ladite Communauté jusqu'à concurrence de la somme de six millions neuf cens quatre-vingt-quatre mille soixante livres à laquelle ils sont demeurés fixés.

Du 5 Novembre 1743.

Arrest du Conseil, portant que le Sieur Philippes, l'un des douze Syndics Généraux & Perpétuels de la Communauté des Inspecteurs, Controlleurs & Visiteurs sur les Vins, Eaux-de-vie & autres Boissons entrans dans Paris, se chargera en recette dans le compte de l'année 1738 de la somme d'un million trois cens quatre-vingt-quatre mille trois cens livres neuf sols, à quoi monte le produit des differens Droits attribués à ladite Communauté pendant ladite année.

Du 15 Novembre 1743.

* Sentence de Police, portant deffenses à tous Regratiers, Regratieres & Gens sans qualité de colporter, vendre & débiter dans les Marchés, dans les lieux privilégiés, & dans les maisons particulieres aucunes Volailles & Gibiers, ou autres Viandes de Rotisserie, à peine de prison, de saisie & confiscation desdites Marchandises, & & de cent livres d'amende, tant contre lesdits Regratiers, Colporteurs & Gens sans qualité,

lité, que contre les Propriétaires & nouveaux Locataires, ou autres qui se trouveront avoir aidé les Contrevenans, ou souffert en leurs maisons lesdites contraventions.

Du 15 Novembre 1743.

* Sentence de Police, qui condamne le nommé la Planche, Nourrisseur de Bestiaux, rue Montmartre, près S. Joseph, en vingt livres d'amende, pour avoir fait sortir du Couvent des Chartreux, & conduire chez lui une voiture de Foin non bottelé, contenant environ deux cens Bottes, & sans déclaration préalablement faite au Bureau des Officiers Jurés Controlleurs de la Marchandise de Foin.

Du 29 Novembre 1743.

* Sentence du Prevost des Marchands & Echevins de la Ville de Paris, qui condamne Pierre Cochois, Jardinier Maraîscher, en trois cens livres d'amende, pour avoir refusé l'exercice de Pierre Delphin, Controlleur des Aydes, Receveur des Droits appartenans à la Ville; Charles Delarue, Commis-Jaugeur de la Ville; René Carimantrand & Claude Jannole, Commis aux Aydes, les avoir insulté & exposés à la suite d'une sédition; au payement du Droit de dix-huit sols par Muid de Vin ci-devant attribué aux Offices de Jaugeurs-Mesureurs de Vins & autres Boissons & Liqueurs, & réuni au Domaine de la Ville, & leur fait deffenses de récidiver.

Du mois de Décembre 1743.

* Edit du Roy, portant retablissement des Droits aux Entrées de Paris sur les Vins, Eaux-de-vie, Bieres, Bois quarrés & à brûler, Déchirages de Batteaux, Etain, Papiers & Cartons, Veaux, Volaille, Gibier, Oeufs, Beures, Fromages, Fayances, Verrerie, Tan, Ecorce, Poisson frais, sec & salé, Charbon de Bois, Foin, Paille, Avoines, Vesces, Graines, Grenailles, Toiles, Porcs, Matériaux, Chaux, Marchandises œuvres de poids & non œuvres de poids, pour être lesdits Droits

perçus pendant quinze années, à compter du premier Jaenvir 1744; *ledit Edit contenant dix-sept Articles. Registré en Parlement le 23 Décembre 1743.*

Du mois de Décembre 1743.

* Edit du Roy, portant établissement pour quinze années d'une bourse ou caisse de crédit aux Marchés de Poissy & Sceaux, pour avancer aux Marchands Forains le prix des Bestiaux qui y seront par eux amenés & vendus, avec attribution au Fermier desdits Marchés d'un sol pour livre du prix de la vente desdits Bestiaux. *Contenant sept Articles. Registré en Parlement, le 23 Décembre 1744.*

Des premier Décembre 1743, & 19 Septembre 1744.

* Ordonnance Contradictoire de M. Berrier, Intendant de la Généralité de Poitiers, qui confisque sur Jean Meaume, Marchand d'Eau-de-vie à S. Jean d'Angely, trente-cinq Bariques & six Veltes d'Eau-de-vie évaluées à la somme de douze cens livres, pour avoir fait la Marchandise & la Commission, & fraudé par ce moyen les Droits dûs à la revente, & condamne ledit Meaume en quatre cens livres d'amende pour les fraudes énoncées aux procès-verbaux des Commis des 12 Septembre & 18 Octobre 1742.

Et Arrest Contradictoire du Conseil, qui confirme ladite Ordonnance, & condamne ledit Meaume au coust d'icelui, liquidé à soixante-quinze livres.

Du 3 Décembre 1743.

Arrest du Conseil, qui déboute les Officiers Mesureurs & Porteurs de Charbon de Terre de la Ville & Faux-bourgs de Paris de leur demande; & ordonne que les Charbons de Terre provenant des Mines de Fins en Bourbonnois, passant debout par ladite Ville, sur des Lettres de Voitures expédiées en bonne forme à Villeneuve S. Georges, seront exempts des Droits attribués ausdits Officiers, conformément aux Arrests du Conseil des 9 Avril 1737 & 3 Mai 1740.

Du 3 Décembre 1743.

* Arrest du Conseil, qui déboute les Habitans de Chaillot de l'opposition par eux formée aux Contraintes décernées contre eux le 29 Janvier 1743 par les Syndics de la Communauté des Inspecteurs sur les Vins de la Ville & Faux-bourgs de Paris; ordonne l'exécution de l'Edit du mois de Juin 1730, & desdites Contraintes, & que lesdits Habitans seront tenus de payer pour raison, tant des Vins provenant de leur crû, que de ceux Etrangers qu'ils consommeront dans l'étendue de leur Paroisse, les Droits attribués à ladite Communauté desdits Inspecteurs, & aux autres Officiers créés & retablis par ledit Edit, conformément au Tarif y annéxé.

Du 6 Décembre 1743.

* Arrest du Conseil, qui commet le Sieur Tapin, Lieutenant de Robe-Courte, pour, au lieu & place du Sieur Neel, veiller à l'exécution de l'Arrest du Conseil du 14 Septembre 1741, portant Réglement pour le transport des Marchandises de Librairie venant de Rouen à Paris, &c.

Des 10 Décembre 1743, & 21 Avril 1744.

* Deux Arrests du Conseil, dont le premier, sans s'arrêter à celui de la Cour des Aydes de Paris du 13 Décembre 1740; qui avoit déchargé les Habitans de la Paroisse S. Thugal de la Ville de Château-Landon, du payement des Droits de Gros manquant, sous prétexte que l'étendue de cette Paroisse sise dans l'enceinte du Château étoit clause de murs; ordonne l'exécution des Sentences des Elus de Nemours des 17 & 21 Mars 1738; en consequence que les Inventaires continueront d'être faits dans l'étendue de ladite Paroisse de S. Thugal, & que les Droits de Gros manquant seront payés conformément aux Réglemens; condamne les Habitans de ladite Paroisse à restituer au Fermier les sommes qu'il a été contraint de leur payer, en vertu de l'Arrest de la Cour des Aydes, & aux dépens faits tant en l'Elec-

tion qu'à ladite Cour, ensemble à soixante-quinze livres pour le coust dudit Arrest.

Et le second déboute lesdits Habitans de leur opposition au précédent; ordonne qu'il sera exécuté, & condamne lesdits Habitans à soixante-quinze livres à quoi le coust d'icelui a été liquidé.

Du 10 Décembre 1743.

* Arrest du Conseil, qui ordonne que le Droit de sol pour livre sera perçu sur les Bois qui entrent dans la Ville de Compiegne sur des Hottes ou sur des Bêtes Asines ou autres Bêtes de somme, lorsque le Bois ne sera point du crû des Habitans, & pour leur usage & consommation, suivant la fixation qui en sera faite par les Officiers de l'Election, qui régleront en même tems ce qui sera dû par charretée de Bois de Billonnette, par proportion aux autres espéces de Bois comprises au Tarif arrêté pour ladite Ville le 6 Octobre 1673.

Du 10 Décembre 1743.

Arrest du Conseil, qui ordonne l'exécution de l'Article 10 des déclarations & payement des Droits, & de l'Article 10 du Titre 8 des Contraintes pour le Gros, de l'Ordonnance de 1680, & sans s'arrêter à l'Arrest de la Cour des Aydes de Paris du 25 Octobre 1743; ordonne que deux Sentences des Elus d'Amiens des 3 & 10 May précédent, portant qu'il sera procédé à la vente des effets de Gabriel Martin, Marchand de Vin à Amiens, Opposant à une Contrainte contre lui décernée par le Fermier, pour Droits de Gros d'arrivée & d'entrées journalieres, seront exécutées selon leur forme & teneur; enjoint à la Cour des Aydes de Paris de se conformer aux Articles de l'Ordonnance portant deffense de surseoir à l'exécution des Contraintes qui seront décernées pour les Droits de Gros & d'Entrée; condamne Gabriel Martin aux frais faits en la Cour, au coust dudit Arrest liquidé à soixante-quinze livres, & ordonne que toutes Lettres nécessaires seront expédiées sur icelui.

Du 12 Décembre 1743.

* Ordonnance de M. l'Intendant de la Généralité de Paris, qui condamne soixante-douze Particuliers de la Ville de Beauvais au payement des Droits de détail des excessives consommations de Vin par eux faites par leur commerce frauduleux; & qui enjoint au Directeur des Aydes de Beauvais de représenter ladite Ordonnance lors du prochain Département, pour imposer lesdits Particuliers à la Capitation proportionnément à leurs facultés & à la consommation de leurs Boissons; le tout conformément aux dispositions des Arrests du Conseil des 13 Février 1731, 26 Janvier 1734, & 29 Avril 1738.

Du 13 Décembre 1743.

* Arrest contradictoire de la Cour des Aydes, qui, en conséquence des Priviléges accordés aux Habitans du lieu de Passavant, décharge Jean-Baptiste Baccon, Propriétaire de la Forge de la Morteau, située sur le finage de Passavant, des Droits d'Entrées sur les Fontes de Fer en Gueuses par lui tirées de Dampierre en Franche-Comté, & déchargés dans sa Forge de la Morteau, & condamne ledit Baccon au payement des Droits de Marque sur lesdites Fontes de Fer en Gueuses.

Du 13 Décembre 1743.

* Sentence des Prevost des Marchands & Echevins de Paris, qui condamne Pierre Boulan, Voiturier par eau & Déchireur de Batteaux, en trois cens livres d'amende, pour avoir conjointement exercé les deux commerces incompatibles de Voiturier par eau & de Déchireur de Batteaux; & en une pareille amende de trois cens livres, pour avoir, sans permission, déchiré un Batteau sous l'Arche du Pont-Marie; ordonne la confiscation au profit des pauvres Prisonniers de l'Hostel de cette Ville, des débris restans dudit Batteau, comme aussi le surplus desdits débris enlevés, évalués à la somme de cent livres, & lui fait deffenses de récidiver.

Du 14 Décembre 1743.

* Arrest de la Cour des Monnoyes, qui condamne le nommé Julien Coconnier, Compagnon Orfévre, & la Veuve des Jardins, solidairement en trois cens livres d'amende, pour raison de leurs contravention & protection accordée par ladite Veuve des Jardins audit Coconnier. Fait deffenses audit Coconnier de pouvoir aspirer à la Maîtrise & à ladite Veuve de jouir & user du privilége de sa viduité pendant le tems & espace de six années; condamne pareillement le nommé Veron, Compagnon Orfévre, en cinquante livres d'amende, pour avoir travaillé sans qualité; & le nommé Masson, Marchand Mercier, aussi en cinquante livres d'amende, pour avoir acheté des Ouvrages d'or & d'argent d'Ouvriers sans qualité.

Des 17 Décembre 1743, 8 Décembre 1744, & 18 Janvier 1746.

* Trois Arrests du Conseil, qui condamnent le Sieur Bercher, Négociant à Rouen, à payer au Sieur Godefroy, Sous-Fermier des Aydes & Droits y joints de la Généralité de Paris, comme Fermier du dernier Bureau de Passage, les Droits de dix-neuf Bariques de Vin, enlevées de Beaune, & destinées pour être embarquées à Rouen pour la Suéde, & qui font deffenses audit Bercher & à tous Commissionnaires de faire voiturer des Vins & Boissons des Provinces exemptes des Droits d'Aydes dans celles qui y sont sujettes, soit pour y passer debout, soit pour y être déchargés sans être accompagnés de Lettres de Voiture en bonne forme, qui contiendront ainsi que les Congés & les Acquits à caution, les véritables & certaines destinations des Vins & Boissons; lesquelles Lettres de Voiture, Congés & Acquits seront representés dans les Bureaux de Recette de la Route, & visés par les Commis, à peine de confiscation des Vins, Chevaux, Voitures & Harnois, & de cent livres d'amende.

Du 17 Décembre 1743.

* Arrest contradictoire du Conseil, qui déboute les Entrepreneurs du Canal de Picardie, ordonné être établi par Edit du mois de Septembre 1724, de leur demande en exemption des Droits de Riviere, consistant en trois livres par Muid de Vin & d'Eau-de-vie qu'ils feront passer debout au travers de la Ville de Paris, & qui seront destinés pour la Navigation dudit Canal.

Du 18 Décembre 1743.

* Arrest contradictoire de la Cour des Aydes, qui confirme une Sentence des Elus de la Rochelle, par laquelle M. le Marquis de S. Georges a été condamné en cinq cens livres d'amende, pour avoir refusé les visites & exercices des Commis aux Aydes, dans les caves & celliers où il convertit ses Vins en Eau-de-vie; le condamne aux dépens, & reduit néanmoins l'amende de cinq cens livres à cinquante livres.

Du 21 Décembre 1743.

Déclaration du Roy, qui réduit à trois sols pour livre du prix de la vente, les Droits rétablis par l'Edit du même mois, sur les Oeufs, Beures & Fromages, au lieu de quatre sols portés par l'Article 3 dudit Edit; ceux sur le Charbon de Bois, à seize sols par Voye, & à huit sols par Minot, au lieu de vingt sols par Voye & de dix sols par Minot portés par l'Article X. dudit Edit, & supprime les Droits retablis par l'Article VIII. du même Edit sur les Pois, Féves, Lentilles & Ris compris sous la dénomination des Vesces, Graines & Grenailles dans ledit Article. *Registrée en Parlement, le 23 Décembre* 1743.

Du 23 Décembre 1743.

* Déclaration du Roy, qui, en interprétant l'Edit du même mois, portant établissement pour quinze années d'une Bourse ou Caisse de crédit aux Marchés de Poissy & Sceaux; ordonne

que ladite Caisse ne subsistera que douze années, & accorde aux Bouchers trois semaines de crédit, au lieu de quinze jours fixés par l'Article V. dudit Edit. *Registrée en Parlement, le 23 Décembre 1743.*

Du 24 Décembre 1743.

* Tarif des différens Droits établis aux Entrées & sur les Halles, Places & Marchés de la Ville, Faux-bourgs & Banlieue de Paris, par Edit du même mois, sur les Marchandises & Denrées y énoncées.

Du 24 Décembre 1743.

* Arrest du Conseil, pour la prise de possession de la Ferme des Droits retablis par l'Edit du même mois sur les Marchandises & Denrées, aux Entrées & sur les Ports, Quays, Halles, Places, Foires & Marchés de la Ville, Faux-bourgs & Banlieue de Paris, sous le nom de Joseph Melet.

Du 26 Décembre 1743.

* Tarif des Gages que prendront les Commis des Portes & Barrieres des Entrées de Paris, pour assurer les Droits sur les Oeufs, Beures, & Fromages, qui doivent être perçus suivant le Tarif arrêté au Conseil le 24 Décembre 1743, en conséquence de l'Edit & Déclaration desdits mois & an, & assurer aussi les Droits qui doivent être perçus sur la Volaille, Gibier, &c. en consequence desdits Edit & Déclaration, dont a été fait Bail à Joseph Melet, & ceux qui appartiennent à la Communauté de la Volaille; le tout, pour lesdites Marchandises & Denrées qui entreront par leurs Bureaux en détail, & même en gros, lorsque ce seront des Marchands qu'ils ne connoîtront point pour Forains, qui ménent ordinairement des Marchandises tant sur le Carreau de la Vallée que de la Halle.

Du 30 Décembre 1743.

* Arrest du Conseil, qui ordonne que les Officiers de la Maîtrise

trise Particuliere des Eaux & Forests de Sezanne, précéderont ceux de l'Election de la même Ville en toutes Assemblées publiques & particulieres; leur fait deffenses de troubler lesdits Officiers de la Maîtrise des Eaux & Forests dans ladite préséance, & les condamne aux dépens.

Du 3 Janvier 1744.

* Arrest du Conseil, qui attribue à M. Feydeau de Marville, Lieutenant Général de Police la connoissance des saisies qui seront faites en exécution de l'Arrest du Conseil du 4 Avril 1720, par lequel il est deffendu de vendre aux Bouchers des Veaux & Genisses de l'âge de plus de huit ou dix semaines, ni aucunes Vaches en état de porter des Veaux, & aux Bouchers de Paris & des environs de les acheter ni tuer, à peine de confiscation & de trois cens livres d'amende.

Du 14 Janvier 1744.

Arrest contradictoire du Conseil, qui décharge les Habitans du Village de Cires près le Bourg de S. Mello, Election de Clermont en Beauvoisis, des Droits d'Anciens & Nouveaux cinq sols, fondés sur ce que ce Village est distingué & separé du Bourg de Mello, tant pour le spirituel que pour le temporel.

Des 10 Avril & 25 Décembre 1742, & 14 Janvier 1744.

Trois Arrests du Conseil; le premier ordonne qu'avant faire droit sur la Requeste du Fermier des Aydes de la Généralité de Soissons, elle sera communiquée, pour y répondre, aux Propriétaires & Locataires des Maisons & Edifices situés près les Villes dénommées dans ladite Requeste; qu'il sera par le Sieur Intendant de ladite Généralité ou ses Subdélégués, dressé procès-verbal de la situation des lieux en présence desdits Propriétaires & Locataires, ou eux dûement appellés, & le tout envoyé au Conseil, pour être ordonné ce qu'il appartiendra.

Le second, sans s'arrester à l'Etat arresté par le Sieur Daube, ci-devant Intendant de ladite Généralité de Soissons, ni à l'Arrest du Conseil du 26 Octobre 1728, en ce que par lesdits Etat & Arrest, plusieurs Maisons & Edifices situés près quelqu'une des Villes & Bourgs de ladite Généralité, avoient été déchargés du payement des Droits d'Aydes; ordonne que les Maisons & Edifices y désignés seront & demeureront à l'avenir assujettis au payement desdits Droits d'Aydes; ordonne au surplus que ledit Arrest du Conseil du 26 Octobre 1728, sera exécuté selon sa forme & teneur.

Le troisiéme déboute Jean Navaux & Consors, Habitans & Propriétaires des Maisons situées au Hameau de Montlean près Montmirel, & les Chanoines de S. Thomas de Crespy en Vallois, de leurs oppositions à l'Arrest du Conseil, du 25 Décembre 1742, & les condamne au coust de l'Arrest liquidé à soixante-quinze livres.

Du 14 Janvier 1744.

Arrest du Conseil, qui deffend de tuer des Agneaux dans la Généralité de Caen pendant deux années, qu'après qu'ils auront produit une dépouille de laine en maturité dans la saison ordinaire de l'Eté, à peine de confiscation au profit des Saisissans & de cinquante livres d'amende.

Du 14 Janvier 1744.

* Arrest du Conseil, portant Réglement pour l'exploitation des Mines de Houille ou Charbon de Terre, & confirme l'exemption du Droit Royal du Dixiéme porté par l'Article II, de l'Edit du mois de Juin 1601. *Contenant 11 Articles.*

Du 17 Janvier 1744.

* Sentence de Police du Châtelet de Paris, qui confisque seize sacs de grosse farine saisie sur le nommé Regnault, Farinier pour la provision de Paris, demeurant au Village de la Villette près ladite Ville, & le condamne en dix livres d'amende, & renouvelle les deffenses aux Boulangers d'acheter des Grains dans l'étendue de dix lieues à la ronde de Paris, si ce n'est dans

les Marchés autorisés par les Ordonnance & Déclaration de années 1577 & 8 Septembre 1737, à peine de confiscation & de cinq cens livres d'amende.

Du 17 Janvier 1744.

* Sentence de la Chambre de Police du Châtelet de Paris, qui déclare bonne & valable la saisie de vingt sacs d'avoine faite sur la nommée Boulanger, & la condamne en l'amende, pour en avoir fait une fausse déclaration aux barrieres de cette Ville.

Du 18 Janvier 1744.

* Tarif des Gages que prendront les Commis des portes & barrieres des Entrées de Paris, pour assurer les Droits sur les Oeufs, Beures & Fromages qui doivent être perçûs suivant le Tarif arrêté au Conseil le 24 Décembre 1743, en consequence de l'Edit & Déclaration desdits mois & an; & assurer aussi les Droits qui doivent être perçus sur la Volaille, Gibier, &c. en conséquence desdits Edit & Déclaration, dont a été fait bail à Joseph Melet, & ceux qui appartiennent à la Communauté de la Volaille: le tout pour lesdites Marchandises & Denrées qui entreront par leurs Bureaux, en détail, & même en gros, lorsque ce seront des Marchands qu'ils ne connoîtront point pour Forains qui menent ordinairement des Marchandises, tant sur le Carreau de la Vallée, que de la Halle.

Du 23 Janvier 1744.

* Ordonnance du Bureau de la Ville de Paris, portant Tarif du prix du Bois neuf & flotté, Cottrets, Fagots, Falourdes & Charbon de Bois.

Du 28 Janvier 1744.

Arrest du Conseil, qui deffend de tuer des Agneaux dans la Généralité de Tours jusqu'à la Pentecoste de l'année 1745, à peine de trois cens livres d'amende, de tondre les Moutons avant la S. Jean, de vendre des Laines avant qu'elles ayent été bien lavées & purgées de leur suin, à peine de cent livres d'amende ; de mêler les Laines ni les mouiller ou humecter, sous les peines portées par l'Article XLI. du Réglement pour les Manufactures du mois d'Aoust 1669; ordonne que les Laines seront vendues dans les Marchés publics, avec deffenses aux Marchands qui en font Commerce d'aller au-devant des Gens de la Campagne pour les acheter, & aux Gens de la Campagne de les leur vendre ailleurs que dans lesdits Marchés, à peine de confiscation & de cent livres d'amende, tant contre l'Acheteur que contre le Vendeur.

Du 4 Fevrier 1744.

* Arrest du Conseil, qui déboute les Seigneurs, Habitans & Communautés des Villages, Hameaux & Censes d'Argoules, Petit Chemin, Dominois, Beaucamp, Wailly, Berck, Grofflier, Vaban, Verton, S. Aubin, Merlemont, Conchil-le-Temple, Noyelle, Ligny, Nampont, Uron & Bailloux, de leurs demandes; ordonne l'exécution des Arrests du Conseil, & Lettres Patentes des 13 Avril & 24 Juin 1743, par lesquels ils ont été assujettis aux Droits établis dans la Province de Picardie, à laquelle ils ont été réünis.

Des 4 Février, & 6 Juin 1744.

* Arrest contradictoire du Conseil, & Lettres Patentes, *registrées en la Cour des Aydes de Paris le 9 Juillet suivant*, qui, sur le vû des motifs envoyés par M. le Procureur Général de ladite Cour, en exécution de l'Arrest du Conseil du 26 Juin 1742; ordonne que l'Article VII. du Titre des Droits sur l'Eau-de-vie de l'Ordonnance de 1680, les Arrests du Conseil & Lettres Patentes des 4 Juin 1726 & 24 Aoust 1728 seront exécutés selon leur forme & teneur; en conséquence, sans s'arrêter à l'Arrest de la Cour des Aydes de Paris du 29 Novembre 1741, confirmatif de la Sentence des Elus de Tours du 30 Juillet 1740, au chef seulement où elle maintient les Détailleurs d'Eau de-vie de la Ville de Tours dans la faculté de mettre des Ratafiats faits avec de l'Eau,

de-vie dans des cruches ou bouteilles, en avertissant les Commis quand on voudra tirer de l'Eau-de-vie des Piéces en exercice.

Font deffenses ausdits Détailleurs & à tous autres de mettre les Ratafias qu'ils auront composés, même avec des fruits & de l'Eau-de-vie provenant de leurs charges ou fabrication dans des cruches, bouteilles ou autres vaisseaux qui ne peuvent souffrir les marques des Commis, sous les peines portées par lesdits Réglemens.

Condamnent en outre les Gardes, Corps & Communauté des Maîtres Vinaigriers de la Ville de Tours, au coust de l'Arrest liquidé à soixante-quinze livres.

Nota. Les motifs de la Sentence de l'Election & de l'Arrest de la Cour étoient 1°. Que le Fermier étoit sans intérest, puisque ces Détailleurs ne pouvoient tirer leurs Eaux-de-vie de leurs Poinçons sans appeller les Commis, & sans avoir payé les Droits. 2°. Qu'il faut distinguer deux sortes de Ratafiats, l'un qui est fait avec de l'Eau-de-vie & des fruits écrasés, pressurés & tirés au clair, qui doit être mis en vaisseaux qui puissent souffrir la Rouanne des Commis; mais que l'autre qui est celui dont il étoit question, & qui est composé de fruits entiers crus ou cuits sur lesquels on jette de l'Eau-de-vie, & dont on fait la vente au Public, en même tems que le fruit, avec une cuiller, ne peut pas être dans d'autres vaisseaux que des bouteilles, caraffes ou vases.

Les Lettres Patentes ont rejetté cette distinction, & ont assujetti cette derniere espéce de Ratafias à être mise, ainsi que la premiere, en des vaisseaux qui puissent souffrir la Rouanne.

Des 4 & 28 Février 1744.

* Arrest du Conseil, & Lettres Patentes, *registrées en la Cour des Comptes, Aydes & Finances de Normandie le* 24 *Mars suivant*, qui, sans s'arrêter à l'Arrest de la Cour des Aydes de Rouen du 5 Aoust 1743, confirment deux Sentences de l'Election de Rouen, des 27 Avril & 13 Juillet 1742, qui avoient débouté le nommé Nicolas Jouanne des Lettres de rescision par lui obtenues contre l'accord par lui fait avec les Commis le jour même du Procès-verbal de sa fraude; en consequence, le condamne aux dépens faits en ladite Cour, & au coust dudit Arrest du Conseil liquidé à soixante-quinze livres, & en outre enjoint aux Officiers des Elections de la Province de se conformer ausdits Arrest & Lettres Patentes.

Du 11 Fevrier 1744.

* Arrest du Conseil, pour la prise de possession de la Ferme, tant du sol pour livre du prix de tous les Bestiaux sans exception qui seront vendus dans les Marchés de Poissy & Sceaux, encore bien que la bourse ne l'ait pas avancé pour être payé par les Vendeurs desdits Bestiaux, que des Droits actuellement établis dans lesdits Marchés, sous le nom de Dominique-Antoine Huel, & pour la résiliation du Bail fait à Pierre le Cocq, avec attribution au Sieur Lieutenant Général de Police, de toutes les contestations, tant à l'occasion du Commerce desdits Marchés, que de l'exécution de l'Edit & Déclaration du mois de Décembre 1743, concernant l'établissement dudit sol pour livre dans lesdits Marchés.

Du 11 Fevrier 1744.

* Jugement rendu par les Commissaires Généraux du Conseil, députés pour juger en dernier ressort les affaires concernant la succession de Jean-Baptiste Gally de Turqueville, Louis Copin de Valaupuy, Jean Tremizard & Simon Viaut, leurs Cautions & Associés, portant Réglement pour la régie & exploitation des Forges & Fournaux de Poizac, Choffailles & la Feuillade & Bois en dépendans, ensemble pour le flottage desdits Bois de la Feuillade sur la riviere de Vienne près Limoges, desquels Usines & Bois ledit de Turqueville & ses Associés s'étoient rendus Adjudicataires.

Du 18 Fevrier 1744.

* Arrest du Conseil, qui évoque & renvoye pardevant Messieurs les Lieutenant Général de Police & Prevost des Marchands, chacun pour les Parties qui les concernent, les contestations nées & à naître à l'occasion de la régie & perception des Droits établis par les Edit, Déclaration & Tarif du mois de Décembre 1743, & pardevant M. le Lieutenant Général de Police seul tout ce qui regarde la perception des Droits sur

es Ports dans l'étendue du ressort du Châtelet, & les Droits ur les Oeufs, Beures & Fromages, pour être par eux lesdi-es demandes & contestations jugées souverainement, & en lernier ressort.

Du 22 Fevrier 1744.

* Arrest Contradictoire de la Cour des Aydes, rendu entre Jacques Forceville, Adjudicataire des Fermes Générales de a Majesté, prenant le fait & cause de Gilles Landoy, premier Huissier en l'Election de Paris.

Le Sieur de Rocrolle, Commissaire au Châtelet de Paris; Jean Mirsin, Antoine Totin & autres Huissiers Commissaires Pri-eurs au Châtelet de Paris, & la Communauté desdits Huissiers Priseurs, prenant le fait & cause desdits Mirsin & autres.

Au sujet du trouble apporté par lesdits Sieurs Commissaire & Huissiers, accompagnés d'Archers dans les fonctions dudit Landoy, en procédant à une vente de Meubles à la Requeste dudit Forceville.

Qui décharge le Sieur Commissaire de Rocrolle, décreté par Sentence des Officiers de l'Election, d'assigné pour être oui, de l'accusation contre lui intentée sans dépens.

Met sur l'extraordinaire ledit Mirsin & autres Huissiers qui avoient été décretés d'ajournement personnel, hors de Cour & de procès; condamne lesdits Huissiers & Communauté seulement, en tous les dépens pour tous dommages & intérests, même en ceux faits par Forceville contre ledit Sieur Commissaire de Rocrolle.

Et ordonne que les Arrests de ladite Cour, Ordonnances, Arrests & Réglemens, & notamment les Lettres Patentes du 4 Décembre 1731, & l'Article 571 du Bail dudit Forceville, seront exécutés.

En consequence, maintient ledit Forceville dans le Droit & Privilége de se servir de tels Huissiers que bon lui semblera pour faire les ventes de meubles, & autres actes de Justice concernant les Droits des Fermes; & deffend ausdits Huissiers Priseurs, & à tous autres de les y troubler, sous telles peines qu'il appartiendra.

Du 25 Février 1744.

* Arrest du Conseil, qui ordonne la suppression des Droits de six sols huit deniers pour cent pesant à la sortie, sur les Marchandises d'œuvre & non œuvre de Poids compris au Tarif du 24 Décembre 1743, dont le retablissement avoit été ordonné par l'Article XIII. de l'Edit desdits mois & an.

Du 10 Mars 1744.

Arrest contradictoire du Conseil, qui déboute les nommés Duval, Marchand de Vin, & Foisdeveau, Suisse de l'Hostel de Clermont-Tonnerre, demeurant sur le Quay de la Tournelle, de l'opposition par eux formée à celui du 17 Décembre précédent, par lequel ils ont été condamnés en trois cens livres d'amende, & en la confiscation de douze demi muids de Vin entrés dans Paris sous le nom & pour le compte dudit Foisdeveau, & par lui cedés audit Duval, sans avoir payé les Droits de Revente dûs à la Communauté des Inspecteurs des Vins.

Du 10 Mars 1744.

* Arrest du Conseil, qui ordonne que tous les Marchands faisant Commerce d'œufs, Beures, Fromages & autres denrées nécessaires pour la provision de la Ville de Paris, seront tenus de les apporter directement sur le Carreau de la Halle; à peine de confiscation & de trois cens livres d'amende.

Du 10 Mars 1744.

* Arrest du Conseil, qui ordonne l'exécution des Articles XXXV. & XXXVI. du Titre commun pour toutes les Fermes de l'Ordonnance de 1681; en consequence, casse le décret d'ajournement personnel décerné par le Bailli des Seigneuries de Vaux & de Champs contre les Sieurs de la Selle & Bonnemain Commis des Aydes à Irancy, ensemble tout ce qui a suivi, même

même l'Ordonnance du Lieutenant Criminel au Bailliage d'Auxerre, qui avoit ordonné que les Commis seroient assignés devant lui, pour le procès commencé par le Juge de Vaux, être par lui continué jusqu'à Sentence définitive.

Et ordonne que le procès des Coupables de la rebellion faite aux Commis sera fait & continué en l'Election de Tonnerre, jusqu'à Sentence définitive, sauf l'appel en la Cour des Aydes.

Du 14 Mars 1744.

* Jugement de Police, qui confisque plusieurs Veaux hors l'âge, saisis sur les nommés Jacques Massieux, Nicolas Belanger, Jacques Philippes & Christophe Douceur, tous Marchands Forains de Bestiaux, demeurans à Marine, & les condamne en cent livres d'amende.

Du 14 Mars 1744.

* Jugement de Police, qui confisque quarante-neuf Veaux hors d'âge saisis sur le nommé Antoine le Roy, Marchand Forain de Bestiaux demeurant à Glos en Normandie, & le condamne aux dépens liquidés à soixante-dix livres.

Du 15 Mars 1744.

* Déclaration du Roy, qui réunit au Domaine de l'Hostel de Ville de Paris, les Droits sur les Vins entrant tant par terre que par eau, rétablis par l'Edit du mois de Décembre 1743, consistant en deux livres seize sols huit deniers par muid destiné pour les Marchands ou Cabaretiers, une livre un sol huit deniers pour celui destiné pour les Bourgeois, & dix sols par muid sur celui entrant pour le compte des Communautés Religieuses employées dans les Etats du Roy. *Contenant* 11 *Articles. Registrée en Parlement, le* 18 *desdits mois & an.*

Des 18 Janvier 1742, & 17 Mars 1744.

* Ordonnance contradictoire de M. l'Intendant de Moulins,

qui condamne le Clergé du Diocèse de Nevers à souffrir les visites, inventaires, & marques des Commis sur leurs Vins & Boissons, même sur celles provenantes du cru de leurs Bénéfices, conformément à l'Edit du mois d'Octobre 1705, & à l'Arrest du Conseil du 22 Septembre 1722.

Et pour le refus fait par les Chanoines Reguliers, les Prêtres de l'Oratoire, les Religieux Bénédictins, les Jesuites de la Ville de Nevers, & le Sieur Abbé de Clermont, Prieur de S. Pierre-le-Moutier, de souffrir lesdites visites & inventaires, les a condamnés chacun en l'amende de trois cens livres, & aux dépens.

A pareillement condamné ledit Clergé à prendre des congés, & à payer par provision les Droits de Courtiers-Jaugeurs de tous les Vins qu'ils feront enlever & voiturer.

Et faute par les Religieux Carmes de ladite Ville d'y avoir satisfait pour les Vins de leur crû qu'ils ont fait voiturer en leur Maison, les a condamnés à la confiscation de ceux sur eux saisis, en l'amende de cent livres & aux dépens.

Et pour faire prononcer sur les exemptions prétendues par ledit Clergé, des Droits de Courtiers-Jaugeurs & Inspecteurs aux Boissons, a renvoyé les Parties au Conseil.

Et Arrest contradictoire du Conseil, du 17 Mars 1744, qui ordonne l'exécution de ladite Ordonnance; en consequence, que les y dénommés seront contraints au payement des amendes contr'eux prononcées.

Et faisant droit sur le renvoi porté par ladite Ordonnance, ordonne que les Ecclésiastiques & Communautés Séculieres & Régulieres qui composent le Clergé du Diocèse de Nevers, seront tenus de payer les Droits de Courtiers-Jaugeurs & Inspecteurs aux Boissons, tant pour les Vins du crû de leurs Bénéfices & Titres Sacerdotaux, que pour ceux du crû de leur Patrimoine ou d'achat, de même & ainsi que le Clergé du Royaume y est assujetti, conformément à l'Edit du mois d'Avril 1696, Déclaration du 23 Octobre 1708, & autres Réglemens, sous les peines portées par iceux.

Du 21 Mars 1744.

* Ordonnance de M. Feydeau de Marville, Lieutenant Général de Police & Commissaire du Conseil en cette Partie, portant Réglement pour l'ouverture & fermeture des Marchés de Sceaux & Poissy; & la vente des Bestiaux. *Contenant 6 Articles.*

Du 24 Mars 1744.

* Arrest du Conseil, qui ordonne l'exécution de celui du 13 Février 1731, par lequel les Particuliers, Gens du commun des Villes & Lieux où les Aydes ont cours, ont été assujettis aux Droits de Détail, comme les Cabaretiers, sur les Vins & autres Boissons qu'ils consommeront au-de-là de ce qui est nécessaire pour leur provision, eu égard à leur état, condition, famille & imposition à la Taille ou Capitation; & attribue à Messieurs les Intendans la connoissance des contestations qui pourront naître à ce sujet pendant six années, à commencer au premier Octobre 1744.

Du 24 Mars 1744.

* Arrest contradictoire du Conseil, & Lettres Patentes *registrées en la Cour des Aydes de Paris, le 2 Juin 1744, & en celle de Rouen, les 5 & 13 May précédent*, qui déboutent le Procureur Général de l'Ordre des Freres Mineurs de S. François appellés Capucins, des demandes par lui formées tendantes à jouir de l'exemption des Droits des Fermes du Roy.

Du 24 Mars 1744.

Arrest du Conseil, qui liquide à la somme de quatre cens livres l'indemnité dûe à Jacques Forceville, pour lui tenir lieu du Droit de Timbre de deux mille cinq cens feuilles de Papier de Compte par lui fournies à M. le Maréchal de Belleisle, & destiné à faire les expéditions des Titres qui doivent lui être remis concernant les Domaines & Droits que le Roy lui a donnés en échange du Marquisat de Belleisle; de laquelle somme de quatre cens livres il sera tenu compte audit Forceville sur le prix de son Bail.

Du 27 Mars 1744.

* Arrest contradictoire de la Cour des Aydes, rendu au profit de Charles Yvon, Sous-Fermier des Aydes de la Généralité de Tours, contre les Jurés, Corps & Communauté des Maîtres Vinaigriers de la Ville de Tours, par lequel, en infirmant la Sentence de l'Election de Tours du 27 Avril 1731, il est fait deffenses aux Vinaigriers de Tours d'empêcher le débit de l'Eau-de-vie qui sera fait par les Bourgeois de ladite Ville de Tours, lorsque les Eaux-de-vie proviennent de leur crû ou d'achat, après que lesdits Bourgeois auront fait leur déclaration au Bureau & la soumission du payement des Droits; condamne les Vinaigriers de Tours en tous les dépens; ordonne que l'Arrest sera lû & publié partout où besoin sera.

Nota. Les Vinaigriers de Tours, en vertu de leurs Statuts portant un prétendu privilége exclusif de fabriquer, vendre & débiter seuls de l'Eau-de-vie, empêchoient les Habitans de la Ville de Tours d'en vendre & débiter; l'Arrest condamne cette prétention, & il est fondé sur l'Ordonnance des Aydes & les Réglemens qui rendent libre le Commerce de l'Eau-de-vie, parce qu'ils permettent à toutes personnes de convertir leurs Vins en Eau-de-vie, ou d'en acheter.

Du 31 Mars 1744.

* Arrest du Conseil, portant que les rolles, quittances, exploits, assignations, saisies & autres expéditions & procédures qui seront faites pour l'exécution des Edits du mois de Décembre 1743, & Déclaration du 3 du même mois, concernant les supplémens de finance ordonnés être payés par les Officiers des Chancelleries, Bureaux des Finances, Officiers comptables & leurs Controlleurs, les Receveurs & Controlleurs des Domaines & Bois, Controlleurs des Finances, Notaires, Procureurs & Huissiers des Jurisdictions Royales, pourront être faits en papier non timbré, & seront exempts du Controlle des Exploits, à l'exception seulement des demandes & sommations en garantie qui pourront être faites de Particulier à Particulier, à l'occasion du recouvrement desdites Finances, pour lesquelles il en sera usé comme par le passé.

Du 7 Avril 1744.

Arreſt contradictoire du Conſeil, rendu entre & du conſentement de M. de Gêvres, en qualité d'Evêque-Comte de Beauvais, de Pierre Maillard, Juré-Vendeur & Viſiteur de Poiſſon de Mer frais, ſec & ſalé de la Ville de Beauvais, & les Maire & Pairs de ladite Ville, qui révoque celui des Commiſſaires Généraux du Parlement ſur le fait de la Marée du 6 Septembre 1737, en ce qui concerne ſeulement le Poiſſon ſec & ſalé que les Marchands de ladite Ville font venir pour leur compte & pour vendre en détail, & en conſequence que le Commerce du Poiſſon ſec & ſalé continuera d'être fait en toute liberté par les Marchands Revendeurs & Revendreſſes, Détailleurs & Détailleresſes dans la Ville, Faux-bourgs & Banlieue de Beauvais, ſans qu'ils ſoient tenus de le faire porter à la Place du Vetail, lieu ordinaire de la vente du Poiſſon ſec & ſalé, ni d'en payer le ſol pour livre; ſeront ſeulement tenus leſdits Marchands, la premiere fois qu'ils expoſeront en vente le Poiſſon ſec & ſalé dans la Place ou dans leurs Boutiques & Maiſons, d'y appeller les Prépoſés à la viſite, ou l'un d'eux, pour en faire la viſite & leur payer pour tous Droits; ſçavoir, pour chacun cent de Morue, deux ſols, & au-deſſous, à proportion; pour un Baril de Morue en ſel, un ſol; pour un Baril de Saumon, dix-huit deniers; pour un Baril de Harangs en Sel, un ſol, & pour la Tonne, trois ſols; pour un Baril de Maquereaux en Sel, un ſol; pour un Panier de Craquelots ou Harangs ſors dans leur primeur, ſix deniers; pour chacun Panier de Sorets, ſix deniers; pour chaque Panier ou Hotte de Maquereaux ſalés, ſix deniers, & pour les petits, moitié; pour chacun grand Panier de Harangs en Sel, ſix deniers, & pour chaque Panier de Morue, ſix deniers: deſquels Droits un cinquiéme appartiendra audit Maillard, & les quatre autres cinquiémes aux quatre Vendeurs & Viſiteurs commis par M. l'Evêque de Beauvais, leſquels Droits ne ſeront payés qu'une ſeule fois pour chaque Marchandiſe: pourra cependant la viſite en être faite autant que le bien de la Police l'exigera; enjoint aux Marchands Détailleurs & Détailleresſes, Revendeurs & Revendreſſes de faire déclaration à l'un des Visiteurs à l'arrivée desdites Marchandises qu'ils feront venir pour leur compte, sauf à n'en faire la visite qu'au moment de l'ouverture des Barils & Tonnes; pour laquelle ouverture les Visiteurs seront appellés, à peine de confiscation & de cinquante livres d'amende; ordonne que lorsque la vente du Poisson sec & salé se fera par les Jurés-Vendeurs & Visiteurs, le Droit de sol pour livre pour la vente & visite leur sera payé, dont un cinquiéme appartiendra ainsi que dans le Droit du sol pour livre pour la vente & visite du Poisson de Mer frais, audit Maillard, & les quatre autres cinquiémes aux quatre Préposés de M. l'Evêque, & qu'au surplus l'Arrest des Commissaires de la Marée, du 6 Septembre 1737, sera exécuté.

Du 7 Avril 1744.

Arrest du Conseil, qui commet M. l'Intendant de la Généralité de Caën, pour connoître des contestations au sujet de la Banqueroute de Joseph-Nicolas Coureau, ci-devant Directeur des Aydes & Octrois de la Ville & Election de Caën.

Du 11 Avril 1744.

* Ordonnance de M. Feydeau de Marville, Lieutenant Général de Police, Commissaire du Conseil en cette Partie, portant Réglement pour faire apporter sur le Carreau de la Halle à Paris, la totalité du Beurre frais que les Maîtres Fruitiers-Orangers feront venir pour leur compte. *Contenant 9 Articles.*

Des 10 Décembre 1743, & 21 Avril 1744.

* Deux Arrests du Conseil, dont le premier, sans s'arrêter à l'Arrest de la Cour des Aydes de Paris, du 13 Décembre 1740, qui avoit déchargé les Habitans de la Paroisse de S. Thugal de la Ville de Château-Landon, du payement des Droits de Gros manquant, sous prétexte que l'étendue de cette Paroisse, sise dans l'enceinte du Château, étoit close de murs; ordonne l'exécution des Sentences des Elus de Nemours des 7 & 21 Mars 1738; en consequence, que les Inventaires continueront d'être

faits dans l'étendue de ladite Paroisse de S. Thugal, & que les Droits de Gros manquant seront payés conformement aux Réglemens ; condamne les Habitans de ladite Paroisse à restituer au Fermier les sommes qu'il a été contraint de leur payer en vertu de l'Arrest de la Cour des Aydes, & aux dépens faits tant en l'Election qu'à ladite Cour, ensemble à soixante-quinze livres pour le coust du present Arrest.

Et le second déboute lesdits Habitans de leur opposition au précédent, ordonne qu'il sera exécuté, & condamne lesdits Habitans à soixante-quinze livres, à quoi le coust du present Arrest a été liquidé.

Du 22 Avril 1744.

* Tarif des Gages que prendront les Commis des Portes & Barrieres des Entrées de Paris, pour assurer le payement des Droits dûs pour la Marée & Saline qui entreront par détail ou par petites parties, à l'exception des grosses parties qui seront conduites à la Halle, lorsque le Conducteur n'aura pas assez d'argent à consigner pour les Droits qu'il devra : & faute par lesdits Commis de se conformer au present Tarif, ils seront garans & responsables des Droits.

Des 28 Avril 1744, & 28 Décembre 1745.

* Arrests du Conseil, qui cassent une Sentence des Elûs de Sens du 26 Février 1744, & ordonnent que conformément aux Articles III. & V. du Titre II. des Droits de Gros, & augmentation sur les Vendanges, de l'Ordonnance des Aydes du mois de Juin 1680, les Droits de Gros & Augmentation seront perçus sur la moitié des Vendanges qui se recueillent par les Habitans de Villeneuve-le-Roy dans les lieux sujets au gros, & qu'ils font transporter dans leur domicile audit Villeneuve le-Roy : comme aussi, que suivant l'Article XIV. du Titre IV. de la Vente en gros & du transport du Vin, de ladite Ordonnance de 1680, les Droits de Gros seront perçus sur les Vins, qui, après avoir été vendus en gros à Villeneuve-le-Roy, seront transportés dans les lieux sujets ausdits Droits, &

ce à l'entrée du lieu de la destination, & condamne lesdits Habitans en tous les dépens.

Du 28 Avril 1744.

Arrest du Conseil, qui évoque & renvoye pardevant M. de S. Contest, Intendant de la Province de Bourgogne, les procédures qui peuvent avoir été commencées en quelques Cours & Jurisdictions que ce soit, à l'occasion tant de l'attentat commis pendant la nuit du 26 au 27 Mars précédent, contre le Sieur de Pincemaille, Directeur des Aydes à Auxerre, que de toutes les autres violences, attentats & complots exécutés ou prémédités contre lui & les Commis de la Direction des Aydes de ladite Ville par les Habitans d'icelle, qui ont cassé plusieurs fois les vitres des fenestres de la Maison servant de Bureau, & tiré trois coups de fusil pendant une nuit au travers d'une d'icelles donnant dans la Chambre & vis-à-vis le lit où il étoit couché; & commet ledit Sieur Intendant pour instruire & juger en dernier ressort le procès aux Auteurs, Complices, Fauteurs, Participes & adhérans desdits attentats, complots & violences.

Du 28 Avril 1744.

Arrest du Conseil, qui confisque au profit de la Communauté des Inspecteurs des Vins douze demi Muids de Vin saisis sur le nommé Foulé, Marchand de Vin rue S. Martin, & le condamne en trois cens livres d'amende, pour les avoir faussement destinés aux Sieurs Guiller & Lamendy, Bourgeois, & livrés au nommé Claus, Suisse vendant Vin en détail à l'Arsenal, en fraude des Droits d'Augmentation aux Entrées.

Du 28 Avril 1744.

* Lettres Patentes, *registrées en Parlement le 21 May suivant*; qui acceptent les offres faites par la Communauté des Controlleurs, Visiteurs & Marqueurs de toutes sortes de Papiers & Cartons, de payer une somme de cent trente mille livres, pour acquérir les Droits sur lesdits Papiers & Cartons entrant dans la Ville,

Ville, Faux-bourgs & Banlieue de Paris, compris au Tarif du 24 Décembre 1743.

Du 28 Avril 1744.

* Arrest du Conseil, qui ordonne l'exécution de l'Edit du mois de Décembre 1743, de la Déclaration du 21 & du Tarif du 24 desdits mois & an, & que tous les Particuliers faisant commerce de Bois à brûler dans la Banlieue de Paris, payeront les Droits retablis, en sus du prix Marchand, à peine d'en répondre, pour en compter à Joseph Melet, Adjudicataire desdits Droits, à peine d'y être contraint: à l'effet de quoi sera dressé procès-verbal de Controlle des quantités existantes; & à l'avenir sera fait déclaration par lesdits Marchands, des quantités qui leur en arriveront, à peine de confiscation & de cinq cens livres d'amende.

Du 28 Avril 1744.

* Arrest du Conseil, en interprétation de l'Edit du mois de Décembre 1743, & du Tarif arrêté le 24, qui ordonne que, conformément à l'Arrest du 9 Décembre 1732, il ne sera perçu qu'un sol huit deniers de Droits sur chaque Rame de Papier simple, dit grand Raisin, du poids de trente livres & au-dessous, & trois sols quatre deniers sur chaque Rame de Papier double, au-dessus du poids de trente livres, pour le quart en sus, faisant le tiers des Droits compris audit Tarif du 24 Décembre 1743; & que les Arrests des 27 Janvier 1739, & 18 Septembre 1742, servant de Réglement pour la fabrication des Papiers seront exécutés.

Du 28 Avril 1744.

* Arrest du Conseil, en interprétation de l'Edit du mois de Décembre 1743, & du Tarif du 24, qui ordonne que les Poteaux de chêne non flottés compris par double emploi dans l'Article XIX. des Droits sur Bois quarré, qui ne doit concerner que le hêtre, le sapin & le bois blanc, payeront dix-sept livres dix-huit sols huit deniers du cent de piéces reduites, fournies de

dix au cent, comme le Bois de brin, & deux livres quatre sols par voye de quatorze piéces; que les membrures & les chevrons de chêne, flottés ou non flottés, faisant partie de la charpente, seront reduits comme le Bois de brin, & payeront quatorze livres quatorze sols du cent de Piéces fournies de dix au cent, & deux livres trois sols par voie composée de quatorze Piéces réduites, fournies, & que les poteaux flottés, payeront comme les membrures & les chevrons; que les Planches & dosses de chêne non flottées payeront les mêmes Droits que les planches & dosses de chêne flottées, à proportion de leur longueur & épaisseur; que le hêtre, le sapin & le bois blanc en poteaux, membrures, chevrons & planches, flottés ou non flottés seront reduits les uns comme les autres à six pieds pour toise, & la dosse à neuf pieds: & que les planches de neuf, dix & onze lignes d'épaisseur, comme celles de deux pouces aussi d'épaisseur, seront reduites, sans aucune distinction du fort au foible, à la toise de six pieds, & la voye composée de cent quatre toises, payera trois livres neuf sols; ordonne au surplus l'exécution de l'Edit & Tarif du mois de Décembre 1743.

Du 28 Avril 1744.

* Ordonnance de M. l'Intendant de la Généralité de Paris, qui condamne Remi Dubost, Cabaretier à Brugny, Paroisse d'Ampury, Election de Vezelay, à la confiscation de quatre feuillettes de Vin par lui enlevées & conduites chez lui, en fraude des Droits de Courtiers-Jaugeurs, & de ceux d'augmentation, en deux cens livres d'amende & aux dépens envers le Fermier des Aydes de l'Election de Vezelay & de celui de la Généralité de Paris.

Du 29 Avril 1744.

* Ordonnance de M. Feydeau de Marville, Lieutenant Général de la Ville de Paris, & Commissaire du Conseil en cette Partie, par laquelle il se reserve, à l'exclusion des Juges des lieux, la connoissance & le Jugement des demandes que les Marchands Bouchers auront à former contre les Marchands

Forains & Fermiers de la Bourse, & celles des Marchands Forains contre les Bouchers, à l'occasion des ventes des Bestiaux faites dans les Marchés de Sceaux & & de Poissy.

Du 30 Avril 1744.

* Sentence du Bureau de la Ville, qui condamne Jean Montagne, Marchand de Bois, & Edme Granger, Marchand Voiturier par eau, chacun en cinq cens livres d'amende, pour avoir par ledit Montagne fait lâcher, & par ledit Granger lâché du Port de la Rapée au Port aux Mulets de la Tournelle, un Batteau chargé de Bois à brûler, sur un Laissez-passer qui n'avoit plus d'effet, & pendant que les Drapeaux étoient arborés au Corps-de-garde du Port de la Halle au vin, & aux deux Pataches placées au-dessus du Mail, à cause du montage actuel d'un Rhun de Sel, du déplacement provisionnel des Batteaux vuides audit Port aux Mulets, remontés par les petits Ponts, jusqu'à ce que la mise aux champs dudit Rhun de Sel pût permettre de les monter jusques au Qai de l'Isle Notre-Dame, au dessus du Pont de la Tournelle, & qui leur fait deffenses de récidiver.

Du 8 May 1744.

Arrest du Conseil, sur la Requeste de Jacques Forceville, Adjudicataire des Fermes Générales Unies, tendante à ce qu'en évoquant un appel interjetté au Parlement par la Dame de Malezieu, d'une Sentence de la Chambre du Domaine du 5 Octobre 1743, ladite Dame de Malezieu fût condamnée à retablir & remettre au Fermier & à ses Commis les deux arcades & lieux appartenans au Domaine du Roy dans la Halle aux Farines, & qui ont toujours servi de Bureau pour la perception des Droits du Poids-le-Roy, au même & semblable état qu'elles étoient avant la reconstruction de la Maison qui étoit cidevant bâtie au-dessus d'icelles; ordonne que ladite Requeste sera communiquée à la Dame Malezieu, pour y fournir de réponse dans les délais de l'Ordonnance, sinon sera fait droit, toutes choses jusqu'à ce demeurant en etat.

Du 8 *May* 1744.

* Arreſt du Conſeil, en interprétation de l'Édit du mois de Décembre 1743, & du Tarif arrêté au Conſeil le 24, qui ordonne qu'il ſera ſeulement perçu, à commencer du jour de la publication d'icelui, au lieu des vingt-neuf ſols quatre deniers de Droits retablis par l'Article XI. dudit Edit ſur chacun des Porcs vendus dans les Foires & Marchés de la Ville de Paris, Sceaux, Poiſſy, Longjumeau, S. Ouen & autres lieux du reſſort de la Prévoſté, Vicomté & Préſidial du Châtelet, pour la conſommation de ladite Ville & Faux-bourgs de Paris, une livre ſix ſols un denier.

Et que ſur les Porcs vendus dans leſdites Foires & Marchés, pour la conſommation de la Campagne, les Droits en ſeront perçus ſur le pied de huit ſols un denier par Porc.

Du 11 *May* 1744.

* Arreſt du Parlement de Bretagne en forme de Réglement, rendu ſur les Concluſions de M. le Procureur Général, qui enjoint aux Juges des Traittes de Nantes de prononcer à l'avenir ſur les procès-verbaux des Employés des Fermes du Roy, dûment faits & affirmés, toutes condamnations, ſoit d'amendes ou peines afflictives, aux termes des Ordonnances, Déclarations du Roy & Réglemens: de ſe conformer pour l'inſtruction & Jugement des affaires deſdites Fermes, tant en matieres civiles que criminelles auſdites Ordonnances & Réglemens: leur fait deffenſes & à tous autres Juges de recevoir les affirmations deſdits procès-verbaux ſur des cahiers ſeparés: leur enjoint de les rapporter, & ſigner au pied deſdits procès-verbaux & ſans frais, aux termes de l'Article 8 dudit Titre 11 de l'Ordonnance du mois de Février 1687, & autres Réglemens, de même que de prononcer la converſion des amendes en peines afflictives ſur la Requeſte du Fermier & ſans frais: de ſe conformer pareillement aux Arreſts, & Réglemens de ladite Cour, pour les Vacations qui leur ſont accordées par iceux, le tout ſur les peines portées par ledit Arreſt.

Du 16 Mai 1744.

Arreſt du Conſeil, ſur la Requête de Jacques Forceville; Adjudicataire des Fermes Générales Unies, tendante à la caſſation d'une Sentence du Juge des Traittes de Grandville du 23 Juillet 1743, & d'un Arreſt de la Cour des Aydes de Rouen, confirmatif d'icelle, du 20 Mars ſuivant, pour avoir déchargé le Sieur Lucas Grandjardin, Armateur de Granville, du payement du Droit de conſommation ſur ſix cens morues ſéches par lui envoyées de Grandville à Saint Malo, ſous prétexte que ce Droit ne peut être perçû que ſur le Poiſſon qui ſe conſomme dans l'intérieur de la Ferme, nonobſtant les Articles IX. & XIII. de l'Ordonnance des Fermes de 1681, Titre des Droits d'abord & conſommation; ordonne que la Requête du Fermier ſera communiquée, tant audit Sieur Grandjardin, qu'aux Marchands de ladite Ville de Grandville intervenus dans l'Inſtance, pour y fournir de réponſe dans le délai de l'Ordonnance, ſinon ſera fait droit aux Parties ainſi qu'il appartiendra.

Du 16 Mai 1744.

* Arreſt du Conſeil & Lettres Patentes, qui déclarent communs pour le droit de ſubvention par doublement, l'Arreſt du Conſeil & Lettres Patentes des 28 Décembre 1723 & 3 Février 1724, en ce qui concerne la conſignation des Droits lorſque les Vins paſſent d'un Pays d'Aydes dans un Pays de même qualité, & d'un Pays exempt des Aydes dans un de pareille qualité, pourvû que leſdits Vins n'empruntent que trois lieuës au plus du terrain ſujet aux Aydes. *Regiſtrés en la Cour des Aydes de Paris le 20 Mars 1744, & en celle de Rouen le 6 Juillet ſuivant.*

Du 16 May 1744.

* Arreſt de la Cour des Monnoyes ſervant de Réglement pour les Brevets d'apprentiſſage qui doivent être paſſés entre les Maîtres Orféyres & les Apprentifs.

Du 16 May 1744.

* Arrest du Conseil, qui déboute les Maire, Echevins & Habitans de la Ville & Comté d'Auxerre, des fins & conclusions de la Requeste par eux presentée, tendante à obtenir abonnement pour les Droits d'Inspecteurs aux Boissons & de Courtiers Jaugeurs; ordonne qu'ils seront perçus à l'avenir comme par le passé, conformément aux Réglemens, & deffend aux Maire, Echevins & Habitans de ladite Ville & Comté d'apporter aucun trouble à leur perception, à peine de trois mille livres d'amende, qui ne pourra être reputée comminatoire, de tous dépens, dommages & interests, & de plus grande peine, s'il y échet; enjoint à M. l'Intendant de Bourgogne de tenir la main à l'exécution de cet Arrest.

Du 27 May 1744.

* Ordonnance de M. l'Intendant de la Généralité de Paris; qui condamne Michel Renoult, Cordonnier à Melun, à la confiscation de quatre demi Queues trois quarts de Vin, qu'il a fait arriver en ladite Ville, en fraude des Droits d'Entrées, en trois cens livres d'amende, modérée à quarante livres & aux dépens.

Du 30 May 1744.

* Arrest contradictoire du Conseil, qui confirme deux Ordonnances de M. l'Intendant de la Généralité de Poitiers, des Avril 1736 & premier Juillet 1743, par lesquelles Pierre Zacha-Mereau, Arpenteur à Poitiers, a été condamné à souffrir les inventaires dans la Métairie de Vaudouzil, & d'acquitter les Droits d'Inspecteurs aux Boissons, conjointement avec ceux d'Octrois & de Jauge & Courtage dûs aux Entrées de la Ville & Faux-bourgs de Poitiers, quoique cette Métairie soit située au-delà des cinq cens toises du clocher de Sainte Radegonde, & condamne Mereau au coust dudit Arrest.

Du 30 May 1744.

Arrest contradictoire du Conseil, qui déboute le nommé Savary & les Habitans de Bourgeau dépendant & faisant partie de la Paroisse de Selles en Berry, de l'appel par eux interjetté d'une Ordonnance de M. l'Intendant de Bourges du 23 Mars 1743, portant qu'ils continueront de payer les Droits d'Inspecteurs aux Boucheries comme ils ont fait par le passé, quoiqu'ils eussent soutenu qu'étant éloignés de huit cens toises du Clocher de la Paroisse, en passant par le pont qui y conduit, ils dussent être exempts, au lieu qu'il n'y a pas cinq cens toises en mesurant à perche volante, conformément à la Déclaration du 10 Avril 1714, & à l'Arrest du Conseil du 28 Mai 1726.

Du 2 Juin 1744.

* Arrest du Conseil, qui ordonne que le Marché de Neufbourg, où se vendent les Bestiaux destinés pour l'approvisionnement de Paris, se tiendra à l'avenir le Lundi pendant toute l'année.

Du 10 Juin 1744.

* Arrest contradictoire de la Cour des Aydes, qui confirme avec amende & dépens une Sentence des Officiers de l'Election de la Rochelle, du 9 Mars 1743, qui a condamné M. le Comte de Noyon en l'amende de cinq cens livres, pour refus de souffrir les visites & exercices des Commis dans les caves, celliers, brûleries & autres endroits de son Château de Montrays; & modere néanmoins l'amende à vingt-cinq livres.

Du 13 Juin 1744.

* Jugement rendu par M. de Marville, Lieutenant Général de Police, & Commissaire du Conseil en cette Partie, au profit de Me. Dominique-Antoine Huel, Fermier du sol pour livre & autres Droits qui se perçoivent sur les Bestiaux dans les Marchés de Sceaux & de Poissy, contre Jacques Fortry, Mar-

chand Forain de Bestiaux, & François Vernier, Marchand Boucher à Versailles, qui déclare valable la saisie sur eux faite d'un Bœuf par eux déclaré d'un prix au-dessous de la vente, en confisque le prix au profit du Fermier, & qui ordonne que lorsque les Marchands Forains & Bouchers feront leurs déclarations de la vente & achat de leurs Bestiaux, & que le Fermier les soupçonnera fausses, il lui sera permis de prendre lesdites Marchandises sur le pied déclaré, après quoi il en sera fait estimation, & au cas que par icelle lesdites Marchandises soient trouvées au dessous de la valeur des déclarations, elles demeureront confisquées au profit du Fermier, & le Vendeur & l'Acheteur condamnés chacun en cinquante livres d'amende.

Du 13 Juin 1744.

* Jugement rendu par M. de Marville, Lieutenant Général de Police, & Commissaire du Conseil en cette Partie, au profit de M^e^. Dominique-Antoine Huel, Fermier du sol pour livre & autres Droits qui se perçoivent sur les Bestiaux dans les Marchés de Sceaux & de Poissy, contre le Sieur Gillain de la Prairie, Marchand Forain de Bestiaux, & le nommé le Gendre, Marchand Boucher à Versailles, qui déclare valable la saisie sur eux faite de deux Bœufs par eux déclarés à un prix au-dessous de la vente, en confisque le prix au profit du Fermier; & qui ordonne que lorsque les Marchands Forains & Bouchers feront leurs déclarations de la vente & achat de leurs Bestiaux, & que le Fermier les soupçonnera fausses, il lui sera permis de prendre lesdites Marchandises sur le pied déclaré; après quoi il en sera fait estimation; & au cas que par icelle lesdites Marchandises soient trouvées au-dessous de la valeur des déclarations, elles demeureront confisquées au profit du Fermier, & le Vendeur & l'Acheteur condamnés chacun en cinquante livres d'amende.

Du 13 Juin 1744.

* Ordonnance de M. l'Intendant de la Généralité de Paris, qui condamne Joseph Souverain & Pierre Souverain, Charpentiers,

pentiers, demeurans à Corbigny, Election de Vezelay; le premier, pour avoir fait arriver une feuillette de Vin en fraude des Droits dûs à la vente en gros, & de ceux d'Entrées; & l'autre, pour même fraude de deux feuillettes de Boissons, à la confiscation des choses saisies, & chacun en trois cens livres d'amende, modérée pour cette fois, & sans tirer à consequence, à dix livres, & en tous les dépens.

Du 17 Juin 1744.

* Arrest contradictoire de la Cour des Aydes, concernant le Droit de Banvin prétendu par M. le Marquis de Lanmarie dans sa Baronie de Milly, le déclare non-recevable dans son appel d'une contrainte decernée contre lui par le Fermier des Aydes de la Généralité de Paris, sauf à se pourvoir par opposition devant les Elus de Melun qui ont visé ladite contrainte, & le condamne aux dépens de la cause d'appel.

Du 19 Juin 1744.

Arrest du Conseil, qui confisque au profit de la Communauté des Inspecteurs Généraux des Vins, quatre muids de Vin saisis sur le nommé Poissonnier, Marchand de Vin, rue des Noyers, & le condamne en trois cens livres d'amende, pour avoir fait entrer lesdits quatre demi muids de Vin, sous le nom du nommé Brunet, Vitrier, son voisin, en fraude des Droits d'augmentation dûs par les Marchands de Vin, & dont les Bourgeois sont exempts.

Du 19 Juin 1744.

* Arrest du Conseil, qui ordonne que les Officiers de l'Election de Paris procéderont à la levée des scellés apposés sur les effets du feu Sieur le Blanc, ci-devant Receveur des Entrées de Paris au Bureau du Port S. Nicolas, après toutefois que ceux apposés par le Sieur de Courcy, Commissaire au Châtelet, auront été par lui reconnus; à l'effet de quoi il sera tenu de comparoître à la premiere sommation qui lui en sera faite, si-

non, & à faute de ce faire, que lesdits scellés seront brisés & rompus, après avoir été préalablement reconnus sains & entiers, pour être ensuite procédé par lesdits Officiers de l'Election à l'inventaire & description desdits effets, & jugement des contestations qui pourront se former à ce sujet, le tout en la maniere accoutumée.

Fait deffenses aux Officiers du Châtelet de troubler ceux de l'Election, & à tous Juges, autres que ceux des Aydes, Gabelles, Traittes & autres Fermes de Sa Majesté, d'apposer aucuns scellés sur les caisses & effets des Receveurs & autres Comptables desdites Fermes, soit en cas de mort ou autrement, & de s'immiscer à l'avenir dans la connoissance des affaires concernant les Fermes, à moins qu'ils n'en soient requis par les Fermiers ou Régisseurs, leurs Procureurs ou Commis, le tout à peine de nullité & de tous dépens, dommages & intérests, & sous telles autres peines qu'il appartiendra, Sa Majesté en attribuant, en tant que de besoin, la connoissance ausdits Juges des Fermes, à l'exclusion de tous autres, sauf l'appel de leurs Jugemens à la Cour des Aydes.

Du 19 Juin 1744.

* Sentence de Police, qui déclare bonne & valable la saisie de douze sacs d'Avoine faite sur le nommé Largeau, Marchand de Grains, & le condamne en l'amende, pour avoir vendu ladite Avoine en contravention aux Déclarations du Roy & aux Réglemens de Police qui obligent de conduire les Grains aux Halles, pour y être vendus.

Des 25 Juin 1744, & 22 Janvier 1745.

* Sentence de l'Election de Paris, qui, sans avoir égard à l'intervention du Sieur Mangean, Horloger à Paris, déclare une saliere d'argent vieille, marquée du poinçon de décharge courant, donnée à raccommoder par ledit Sieur Mangean, acquise & confisquée au profit du Fermier, sur Jean le Blanc, Orfévre, faute par lui de l'avoir enregistrée, & le condamne en cent livres d'amende, & aux dépens envers toutes les Par-

ties, sauf audit Mangean de se pourvoir ainsi qu'il avisera bon être.

Et Arrest de la Cour des Aydes, qui confirme ladite Sentence, quant à la confiscation; modere l'amende de cent livres à vingt-cinq livres; condamne ledit le Blanc à rendre & restituer ladite saliere audit Sieur Mangean, sinon la juste valeur, à dire d'Experts, & aux dépens envers toutes les Parties.

Du 27 Juin 1744.

* Arrest de la Cour des Monnoyes, qui déboute les Gardes de l'Orfévrerie de leurs demandes & prétentions, afin d'insculpation en leur Bureau des Poinçons des Maîtres Horlogers, & ordonne l'exécution des Arrests & Réglemens de la Cour: en consequence, qu'à l'avenir ils seront tenus de marquer en la maniere accoutumée les Boëtes d'Or & d'Argent & autres Ouvrages concernant l'Horlogerie, qui leur seront apportés par les Maîtres Horlogers.

Du 27 Juin 1744.

* Sentence du Bureau de la Ville, qui condamne Antoine-Maurice Lyon, Remplisseur de Vin à la Rapée, en cinquante livres d'amende, pour avoir voulu exiger un sol au lieu de six deniers par piéce de Vin destinée pour la provision des Peres Jesuites de la rue S. Jacques, & qu'il lui fût donné du Vin pour boire, avoir mis la main sur le fusil d'un Garde, le suspend pendant trois semaines de l'exercice de sa Commission, & lui fait défenses de récidiver.

Du premier Juillet 1744.

* Arrest de la Cour des Aydes, qui sur l'extraordinaire met le nommé René Gaillard, Courtier, hors de Cour; condamne le Fermier en quatre cens livres de dommages & interests, & aux dépens, & sur la procédure ordinaire, fait main-levée audit Gaillard des Ouvrages d'Or & d'argent sur lui saisis, & condamne aussi le Fermier aux dépens à cet égard. Avec trois Ar-

rests du Conseil des 25 Septembre 1744, 15 May 1745, & 5 Avril 1746, dont le premier ordonne que M. le Procureur Général de la Cour des Aydes, enverra dans un mois au Conseil les motifs de l'Arrest de ladite Cour du premier Juillet 1744.

Le deuxiéme casse celui de la Cour des Aydes de Paris, du premier Juillet 1744, décharge le Fermier des condamnations contre lui prononcées par ledit Arrest; déclare la saisie faite sur ledit Gaillard bonne & valable; confisque au profit du Fermier les Marchandises y mentionnées; condamne ledit Gaillard en trois cens livres d'amende, & en tous les dépens faits tant à la Cour des Aydes qu'en l'Election, même à restituer les sommes qu'il pourroit avoir reçûes en vertu dudit Arrest du premier Juillet, à ce faire ledit Gaillard contraint comme pour les propres deniers & affaires de Sa Majesté.

Et le troisiéme déboute ledit Gaillard de son opposition à l'Arrest du 15 May 1745, & en ordonne l'exécution.

Du 3 Juillet 1744.

* Sentence des Prevost des Marchands & Echevins de la Ville de Paris, qui condamne Gabriel-François Mariette, Facteur de Marchands Plâtriers, en cinquante livres d'amende; Laurent Dumont & Laurent Duval, Voituriers par eau, chacun en vingt-cinq livres de pareille amende, pour avoir, par ledit Mariette, fait charger, & par lesdits Dumont & Duval avoir chargé dans un Batteau flotté au Port au Plâtre une toise ou environ de Pierres à Plâtre, le premier dudit mois, à quatre heures & demie du matin, heure prohibée, sans que l'Officier Toiseur & Porteur de Plâtre, eût reglé la quantité de ladite Pierre, & avoir par ledit Mariette insulté ledit Officier, & leur fait deffenses de récidiver.

Du 4 Juillet 1744.

* Ordonnance de M. l'Intendant de Paris, qui condamne Jean Brisset, Laboureur à Faussois, Paroisse de Lixy, Election de Nemours, à la confiscation de deux poinçons de ven-

dange, une charette & deux chevaux, en trois cens livres d'amende & aux dépens; pour avoir enlevé & voituré sans déclaration ni payement de Droits d'Entrées, la vendange par lui recueillie sur le Terrain de Villemanoche sujet aux Entrées, pour la transporter dans le lieu de son domicile, qui n'y est pas sujet.

Du 7 Juillet 1744.

* Jugement de Nosseigneurs les Commissaires Généraux du Conseil, députés par Sa Majesté pour juger en dernier ressort les affaires concernant la discussion des biens du Sieur Tremizard & Compagnie, portant défenses à toutes personnes, de quelque qualité & condition qu'elles soient, de prendre & enlever aucuns fers, mines, charbons & autres ustensiles dépendant des Forges de la Feüillade, Paysac & Choffailles; & à tous Habitans Riverains desdites Forests de la Feüillade, Bois de Forsat & Montal, Ruisseau de la Ville-Dieu, & Riviere de Vienne, & à tous autres de retenir, enlever, cacher ou receler aucuns des Bois de flottage & autres provenant des coupes desdites Forests & Bois, à peine de mille livres d'amende, de tous dépens, dommages & intérests, & de plus grande peine, s'il y échet.

Du 9 Juillet 1744.

* Arrest du Conseil, portant que les Commis & Préposés à la Régie des biens des Religionnaires fugitifs, jouiront de l'exemption du Logement des Gens de Guerre, ainsi qu'en jouissent les Employés aux affaires de Sa Majesté; & deffend aux Maires, Echevins & Officiers des Villes & Communautés d'en donner aucun chez lesdits Commis & Préposés.

Du 10 Juillet 1744.

* Arrest contradictoire du Conseil, qui décharge les Intéressés en la Manufacture Royale des Glaces, des Droits retablis par Edit du mois de Décembre 1743, sur le Pavé & le Plâtre à l'usage de leur Fabrique.

Du 10 Juillet 1744.

* Arrest du Conseil, portant que tous exploits de saisies, oppositions ou empêchemens à la délivrance & payement des sommes assignées & employées dans les Etats du Roy expédiés pour la distribution des deniers des Fermes, remboursement des avances des Fermiers, & tous autres remboursemens, charges & dépenses concernant la Régie desdites Fermes, seront visés & paraphés sans frais par le Sieur Maiziere, Receveur Général desdites Fermes; & fait deffenses à tous Huissiers & Sergens de mettre à exécution aucuns Arrests, Sentences Exécutoires & Contraintes contre lesdits Fermiers & leurs Cautions pour raison desdites Fermes, qu'après avoir remis & laissé pendant huitaine lesdits Exploits de saisies, Oppositions, Arrests, Sentences, Jugemens & autres Piéces dont ils seront porteurs, ès mains dudit Sieur Maiziere ou ses Successeurs, à peine de trois mille livres d'amende, & de tous dépens, dommages & intérests.

Du 10 Juillet 1744.

Arrest du Conseil, concernant les grandes Entrées de Rouen; qui déclare commun pour les Faux-bourgs de ladite Ville, celui du 19 Mars 1743, rendu pour la Banlieue d'icelle, & en consequence deffend aux Habitans desdits Faux-bourgs de faire décharger aucuns Vins & Boissons dans leurs maisons, sans en avoir fait déclaration au Bureau de la Ferme Générale, & representé les acquits ou congés au dos desquels il sera fait mention du vû des Commis, sous les peines portées par l'Article XVII. du Titre premier de l'Ordonnance des Aydes de Normandie du mois de Juin 1680.

Du 10 Juillet 1744.

Arrest du Conseil, qui confisque au profit de la Communauté des Inspecteurs Généraux sur les Vins, huit demies queuës de Vin, saisies sur le nommé Gambier, Maître Vinaigrier à Paris, rue d'Argenteuil, & par lui venduës au nommé Perard l'aîné, Marchand de Vin, rue de la Croix, près le Temple, pour n'avoir acquitté les Droits d'Entrées que comme Bourgeois, & avoir fraudé ceux de revente, & les condamne solidairement en trois cens livres d'amende.

Du 15 Juillet 1744.

* Arrest contradictoire de la Cour des Aydes de Paris, qui confirme avec amende & dépens une Sentence des Elus de Roanne du 9 Février 1742, par laquelle le Fermier avoit été renvoyé de la demande en restitution formée par le Sieur Michon, Officier de M. le Duc d'Orleans.

Du 16 Juillet 1744.

* Ordonnance de M. l'Intendant de la Généralité de Bourges, qui décharge les Directeur & Commis aux Aydes de la Ville d'Issoudun, de l'Imposition faite sur eux pour reparation & construction du Pont de ladite Ville, conformément à la décision de M. le Controlleur Général du 7 Février 1744.

Du 17 Juillet 1744.

* Arrest contradictoire de la Cour des Aydes, qui confirme, avec amende & dépens, une Sentence des Elus de Paris du 18 Octobre 1742, qui condamne Jacques Ravary, Marchand de Vin à Paris, & ayant magasin à Ablon, en cinquante livres d'amende, & à la confiscation de vingt Poinçons, jauge Orleans, de Vins par lui achetés & revendus en gros à differens Particuliers, chez qui il a fait voiturer lesdits Vins sur des Congés pris sous le nom du premier Vendeur, pour frauder les Droits de reventes.

Du 17 Juillet 1744.

Arrest du Conseil, qui confisque au profit de la Communauté des Inspecteurs Généraux sur les Vins, huit demi muids de Vin saisis sur le nommé Charrier, Commis à la conduite des Coches d'Auxerre, arrivés au nom du Sieur Lebas, tenant l'Hostel garni de S. Louis ruë Gist-le-cœur, & dont il n'a acquitté les Droits qu'en Bourgeois, au lieu de les acquitter en Marchand, & le condamne en trois cens livres d'amende, à compte de laquelle & de la confiscation, ordonne que ledit Lebas remettra à ladite Communauté la somme de deux cens quatre-vingt livres qu'il doit de reste audit Charrier, pour solde & parfait payement dudit Vin.

Du 19 Juillet 1744.

* Quatre Ordonnances contradictoires rendues par M. Berrier, Intendant de la Généralité de Poitiers.

La premiere condamne Jerôme Civrais, dit Duclos, Marchand Bouilleur d'Eau-de-vie, demeurant à Ligron, Paroisse de Mauzé, à cent cinquante livres pour la valeur de la confiscation de trente bariques de Vin qu'il a fait arriver en fraude des Droits de Courtiers-Jaugeurs, suivant les fabrications d'Eau-de-vie par lui faites, en deux cens livres d'amende & aux dépens.

La seconde condamne ledit Civrais, pour même fraude, à soixante-dix livres, pour la valeur de la confiscation de trente-quatre bariques de Vin, en l'amende de deux cens livres & aux dépens.

La troisiéme condamne Pierre Durand, Marchand Bouilleur d'Eau-de-vie, demeurant à Ligron, Paroisse de Mauzé, pour même fraude, à cent quatre-vingt-quinze livres, pour la valeur de la confiscation de trente-neuf bariques de Vin, en deux cens livres d'amende, & aux dépens.

La quatriéme condamne Pierre Cochard, Marchand Bouilleur d'Eau-de-vie, demeurant à Rigny, pour pareille fraude, à deux cens quarante-cinq livres, pour la valeur de la confiscation de quarante-neuf bariques de Vin, en deux cens livres d'amende & aux dépens. Et Arrest contradictoire du Conseil, du 3 Juillet 1745, qui déboute lesdits Civrais, Durand

Durand & Cochard de l'appel qu'ils ont interjetté desdites Ordonnances ; ordonne qu'elles seront exécutées selon leur forme & teneur, & les condamne au coust dudit Arrest liquidé à soixante-quinze livres.

Du 23 Juillet 1744.

* Sentence du Bureau de la Ville, qui condamne le nommé Fournier & sa femme, Regratier de Charbon de bois, solidairement en cinquante livres d'amende, pour avoir par ledit Fournier, insulté François Bourdin, Commis des Officiers-Mesureurs & Porteurs de Charbon à la Barriere du Thrône, & l'avoir voulu frapper d'un bâton jusques dans son Bureau, avoir voulu, par ledit Fournier & sa femme, passer par la Barriere de Montreuil avec deux sacs de Braise, dont l'entrée est deffendue, qui les interdit du Regrat dudit Charbon, & de toutes autres Marchandises, ensemble de tout travail sur les Ports d'icelle, & ordonne la confiscation desdits deux sacs de Charbon au profit des pauvres Prisonniers de l'Hôtel de Ville, avec deffenses de recidiver.

Des 3 Septembre 1743, 24 Juillet & 29 Décembre 1744.

* Trois Arrests du Conseil, au sujet d'une saisie faite au Bureau de Guignes, comme premier Bureau de passage, de cinq poinçons voiturés sur un Laissez-passer du Bureau de Beaune, déclarés être Eau de Lavande, & destinés pour être déchargés à Corbeil, Election de Paris, pour le compte de Louis Berthaut, Distillateur à Tournus, qui s'est trouvée par la dégustation faite par les Commis, être véritable Esprit de Vin, chargée d'une legere teinture de Lavande, dont ledit Berthaut a refusé le payement des Droits, sur le fondement que la Liqueur étant dans lesdits poinçons, n'étoit point Esprit de Vin, mais bien Eau-de-vie de Lavande distilée, & incapable d'entrer dans le Corps humain ; que l'Edit du mois de Décembre 1686, & la Déclaration du 9 Décembre 1687, ne concernent que les Eaux-de-vie simples, rectifiées & l'Esprit de Vin, dont on peut user en Boisson, & nullement celles qui sont distilées & chargées d'Aroma-

tes qui ne sont propres qu'à employer dans des Remedes, & que l'on ne doit pas confondre les Liqueurs potables avec celles qui ne le sont pas.

Le premier, du 3 Septembre 1743, ordonne, avant faire droit, que la Requeste de Jacques Forceville, Fermier Général, tendante à la cassation d'un Arrest de la Cour des Aydes, du 6 Juillet 1743, qui avoit déchargé ledit Berthaut du payement des Droits desdits cinq Poinçons, sera communiquée audit Berthaut, pour y répondre.

Le second, du 24 Juillet 1744, faute par ledit Berthaut d'avoir répondu dans les délais prescrits, casse & annulle ledit Arrest de la Cour des Aydes; ordonne l'exécution de l'Edit du mois de Décembre 1686; de la Déclaration du 9 Décembre 1687, & de l'Arrest & Lettres Patentes du 27 Mars 1731; en conséquence, condamne ledit Berthaut au payement des Droits desdits cinq Poinçons d'Esprit de Vin, conformément à la Déclaration de 1687, & aux dépens faits tant à l'Election qu'à la Cour des Aydes, même à rendre & restituer audit Forceville les sommes qu'il a été contraint de payer en vertu dudit Arrest de la Cour des Aydes; & le condamne en outre aux frais & coust dudit Arrest, liquidés à soixante-quinze livres.

Et le troisiéme contradictoire, du 9 Décembre 1744, déboute ledit Berthaut de son opposition à l'Arrest du Conseil du 24 Juillet précédent, ordonne qu'il sera exécuté selon sa forme & teneur, & le condamne au coust du present Arrest, liquidé à soixante-quinze livres.

Du 31 Juillet 1744.

*

* Arrest contradictoire du Conseil, qui déboute les Marchands de Sel de la Ville d'Angoulême de leur opposition à l'Arrest du Conseil du 18 Mars 1710, qui avoit cassé une Sentence des Elus d'Angoulême, & un Arrest de la Cour des Aydes; & fait deffenses ausdits Marchands de Sel, & à tous autres, de loger chez eux des Voituriers ni leurs Bêtes de charge, sans avoir des Boissons en perce, & fait déclaration pour en payer les Droits, à peine de trois cens livres d'amende.

Nota. Ce dernier Arrest enjoint aux Officiers de l'Election de juger en conformité d'icelui ; ordonne que lesdits deux Arrests seront enregistrés sans frais au Greffe de l'Election d'Angoulême, & condamne lesdits Marchands de Sel en soixante-quinze livres pour le coust dudit Arrest.

Du mois d'Aoust 1744.

* Edit du Roy, portant suppression des Officiers d'Essayeurs, Controlleurs, Visiteurs & Commissaires d'Eaux-de-vie & Esprit de Vin ; & réunion au Domaine de la Ville de Paris des Droits attribués ausdits Offices, consistant en vingt-trois livres deux sols par muid d'Eau-de-vie simple, trente-une livres deux sols par muid d'Eau-de-vie double, rectifiée, & en quarante-quatre livres deux sols par muid d'Esprit de Vin. *Contenant* 11 *Articles.*

Registré en Parlement le 4 Septembre suivant.

Du 5 Aoust 1744.

* Arrest contradictoire de la Cour des Aydes, qui infirme une Sentence des Elus de Beaugé, du 7 Juin 1742, par laquelle ils avoient déchargé Etienne Martin & sa femme, Cabaretier ordinaire à assiette au Faux-bourg S. Jacques lès-Angers, tant de la saisie faite sur eux de trois cens cinquante livres de cire jaune en pain, dont ils n'avoient pas fait de déclaration, ni payé les Droits de double & triple Cloison, que de l'amende par eux encourue ; condamne lesdits Martin & sa femme en la confiscation desdites trois cens cinquante livres de Cire, en vingt-cinq livres d'amende, & en tous les dépens, tant des causes principales que d'appel & demande.

Nota. Les Commis du Fermier, dans le cours de leurs exercices chez Martin, trouverent dans sa cave les trois cens cinquante livres de Cire jaune ci-dessus, dont ils firent la saisie, faute de déclaration & payement desdits droits de cloison. Dans le cours de l'instance, on a prétendu que ces sortes de Marchandises n'étoient sujettes à déclaration & au payement des Droits, qu'autant qu'elles passoient par la Barriere où est le Bureau, & pour entrer dans la Ville d'Angers ; veu d'ailleurs que la maison de Martin étoit située dans ledit Faux-bourg, beaucoup au-dessous dudit Bureau ; en conséquence de cette prétention, l'Election a déclaré le procès-verbal des Commis prématuré, & leur saisie nulle ; a en outre condamné le Fermier en tous les dépens : c'est sur cette Sentence qu'a été rendu l'Arrest de la Cour, qui, moyennant ce, juge qu'il n'est pas nécessaire que les Marchandises passent par devant les Bureaux d'Entrées, pour en être la déclaration faite & les Droits de Cloison payés.

Du 6 Aoust 1744.

* Arrest du Conseil, qui infirme une Sentence des Elus de Gien, du 6 Février 1744, & renvoye les Sieurs Jean Baptiste de la Bordere & Jean Garnault, Commis aux Aydes, de l'accusation contre eux intentée. Décharge lesdits Commis des condamnations contre eux prononcées par ladite Sentence. Déboute Jean Dubois de l'inscription de faux par lui formée contre le Procès-verbal desdits Commis, du 29 Décembre 1741. Condamne ledit Dubois en soixante livres d'amende, cinq cens livres de dommages-interests envers chacun desdits Commis & en tous les dépens. Ordonne que ledit Arrest sera imprimé, lu, publié & affiché partout où besoin sera, aux frais dudit Dubois. Et pour faire droit au Civil sur ledit Procès-verbal, demande & conclusions de Me. Nicolas Huet, Fermier des Aydes, contre ledit Dubois, les nommés Berger, Charmillon & sa Femme, a renvoyé lesdites Parties devant les Officiers de l'Election de Montargis.

Du 6 Aoust 1744.

* Sentence du Bureau de la Ville, qui condamne Gabriel Bon-Chretien de Gardefort fils, Marchand de Bois de Charpente à Paris, en trois mille livres d'amende, pour avoir destiné la quantité de neuf cens piéces de Bois reduites pour le lieu de Choisy le-Roy, les y avoir fait arriver & décharger, en avoir fait mettre en chantier, en avoir vendu partie, avoir rayé sur la Lettre de voiture ces mots (pour la Provision de) & ajoûté la lettre (a) entre le mot (de) & celui (Paris) Ordonne la confiscation desdites neuf cens Piéces de Bois au profit de l'Hôpital Géneral; & interdit ledit Bon-Chretien fils, du Commerce pour toujours.

Du 14 Aoust 1744.

* Arrest du Conseil, qui fait deffenses à toutes personnes d'entrer en fraude dans la Ville & Faux-bourgs de Paris, au-

cunes parties d'Oeufs, Beurres & Fromages cachées sous leurs manteaux, habits & dans leurs poches, & de prendre, soit de jour ou de nuit, des routes détournées, autres que celles qui menent directement aux Barrieres de Recette des Entrées, le tout à peine de confiscation & de cent livres d'amende, même d'être emprisonnés : qui fait pareillement deffenses à toutes personnes de prêter leurs Maisons pour servir d'Entrepost ausdites Marchandises, de donner retraite aux Fraudeurs, & de leur faciliter le passage par leurs Jardins, à peine de cinq cens livres d'amende ; & qui deffend au Fermier de percevoir aucun Droit sur les Oeufs, Beurres & Fromages provenans du cru des Bourgeois de Paris, lorsqu'ils auront satisfait à la Déclaration du Roy du 15 May 1722.

Du 21 Aoust 1744.

Arrest du Conseil, pour faire tenir compte par le Roy à Jacques Forceville, Adjudicataire des Fermes Générales Unies, de la somme de quinze mille livres, à laquelle a été liquidée par autre Arrest du Conseil du 14 Avril précedent, l'indemnité dûe à Antoine Lechaudel, Sous Fermier du Droit de sol pour livre sur les Suifs, pour lui tenir lieu des Droits sur la quantité de trois cens milliers pesant de Suif que le Sieur Maigny a fait venir de l'Etranger dans Paris, en exemption dudit Droit de sol pour livre.

Du 21 Aoust 1744.

* Arrest contradictoire de la Cour des Aydes ; qui confirme, avec amende & dépens, la Sentence des Elus de la Rochelle du 9 Mars 1743, qui a condamné M. le Baron de Chatelaillon en cinq cens livres d'amende, pour avoir refusé de souffrir les visites & exercices des Commis dans les celliers, caves & atteliers où il fabriquoit des Eaux-de-vie ; & modere cependant l'amende à vingt-cinq livres.

Du 21 Aoust 1744.

* Arrest du Parlement, confirmatif d'une Sentence de M. le Lieutenant Général de Police, qui ordonne l'exécution des Statuts & Réglemens des Marchands de Vin de la Ville & Faux-bourgs de Paris, par lesquels il leur est deffendu de vendre Vin dans plusieurs Caves.

Du 21 Aoust 1744.

* Arrest du Conseil, qui ordonne que tous les Arrieres-baux & Abonnemens faits par Louis Robin, Fermier actuel des Droits de Marque & Controlle sur les Ouvrages d'Or & d'Argent, ou par ses Prédécesseurs, & qui n'ont pas encore été renouvellés par Antoine Lechaudel, seront continués à son profit pendant les six années de son Bail, à commencer du premier Octobre 1744, sur le pied qu'ils ont cours pour ledit Robin. Permet audit Lechaudel de se servir des Poinçons dudit Robin, ou d'en faire faire de nouveaux ; & fixe le Droit d'Insculpation des nouveaux Poinçons, & les Droits d'enregistrement du Bail, & des nouvelles Commissions.

Du 23 Aoust 1744.

* Arrest du Conseil, qui ordonne que les Huissiers de l'Election & du Grenier à Sel de la Ville de Meaux, les Huissiers & Sergens Royaux residans en ladite Ville, seront tenus de se trouver au mandement des Lieutenant Criminel & Procureur du Roy audit Bailliage, pour y faire le service nécessaire, aussi-tôt qu'ils y seront appellés, par rapport à l'instruction & au Jugement des procès criminels qui sont pendans audit Bailliage.

Du 28 Aoust 1744.

* Arrest du Parlement, confirmatif d'une Sentence du Châtelet de Paris du 19 Juin précédent, portant confiscation de

cinquante-cinq Aulnes de différens morceaux ou coupons de Toiles, Basins & Mouchoirs saisis sur le nommé Gilles le Noir, Marchand Forain-Colporteur, & le condamne en trois cens livres d'amende, faute par lui d'avoir fait poncer lesdites Toiles, ni déclaré & acquitté les Droits des Officiers Auneurs & Visiteurs de Toiles.

Du 28 Aoust 1744.

* Déclaration du Roy, qui réunit au Domaine de l'Hostel de Ville de Paris, les Droits retablis sur les Eaux-de-vie & Esprit de Vin, par l'Edit du mois de Décembre 1743, consistant en huit livres par muid d'Eau-de-vie simple, dix livres treize sols quatre deniers sur la double rectifiée, & quinze livres par muid d'Esprit de Vin. *Contenant 9 Articles. Registré en Parlement, le 23 Septembre 1744.*

Du 28 Aoust 1744.

* Arrest contradictoire de la Cour des Aydes de Paris, qui confirme une Sentence de l'Election d'Orleans, en datte du 18 Décembre 1743, qui confisque sur Simon Mignot, Menuisier à Orleans, & Louis Rochu, Voiturier par eau, & Marchand Forain demeurant à Briarre, sept mille cinq cens de Fagots, & cinq Batteaux, que ledit Rochu avoit faussement adressé audit Mignot, son Beau-frere, sur une Lettre de Voiture en forme, pour frauder les Droits d'Imposition, & les condamne solidairement en soixante-quinze livres d'amende, & en tous les dépens.

Du 28 Aoust 1744.

* Arrest du Conseil, au sujet d'un Arrest du Parlement du 21 dudit mois d'Aoust, rendu entre Marie-Benjamin Videz, Marchand de Vin, & les Maitres Anciens & Modernes de la Communauté des Marchands de Vin de Paris, qui enjoint aux Maîtres & Gardes de faire fermer dans huitaine toutes les Caves en Ville des Marchands de Vin de la Ville & Fauxbourgs de Paris, à l'exception de celles permises par les Statuts;

sinon & à faute par eux de ce faire, a autorisé les Maîtres Anciens & Modernes à faire fermer lesdites Caves, aux risques, périls & fortunes, frais & dépens des Maîtres & Gardes.

Ordonne que la Requeste de Jacques Forceville, inférée audit Arrest du Conseil, sera communiquée aux Maîtres & Gardes, Maîtres Anciens & Modernes de la Communauté des Marchands de Vin de Paris, pour y fournir de réponse dans les délais de l'Ordonnance.

Surseoit à l'exécution dudit Arrest du Parlement, jusqu'à ce qu'il ait été statué sur l'Instance précédemment & actuellement pendante au Conseil, entre lesdits Maîtres & Gardes du Corps de la Marchandise de Vin, & ledit Forceville; & jusqu'à ce, ordonne que les Marchands de Vin de Paris continueront à jouir de la faculté d'avoir tel nombre de Caves ouvertes qu'ils jugeront à propos pour la vente & le débit de leurs Vins.

Et fait deffenses ausdits Maîtres & Gardes, Maîtres Anciens & Modernes, & à tous autres de les y troubler, & ausdits Maîtres & Gardes de refuser aucune permission d'ouverture de Caves, sous quelque prétexte que ce soit, en leur payant d'avance le Droit de Visite, conformément à l'Article V. de l'Arrest du Conseil du 30 Octobre 1738; le tout à peine de mille livres d'amende, & de tous dépens, dommages & interests.

Du 28 Aoust 1744.

* Arrest du Parlement, confirmatif de la Sentence du Châtelet de Paris du 19 Juin 1744, rendue au profit des Officiers Auneurs & Visiteurs de Toille de la Ville, Faux bourgs & Banlieue de Paris, qui déclare la saisie faite sur Gilles le Noir, Marchand Forain, de cinquante-cinq Aulnes de Toiles, bonne & valable; le condamne en trois cens livres d'amende au profit desdits Officiers, conformément à l'Edit du mois de Mars 1694, & à celui du mois de Juillet 1708, en l'amende & aux dépens.

Du 4 Septembre 1744.

* Arrest contradictoire de la Cour des Aydes, qui confirme une

une Sentence des Elus de Soissons du 22 Février 1744, qui a confisqué sur Pierre Houdé, Cabaretier à Trosly-Breuil, deux Piéces de Vin, jauge de Laon, par lui achetées à Craune, Election de Laon, suivant le Congé pris au Bureau dudit lieu, le 19 Novembre 1743, voiturées par le Coche d'eau sur la Riviere d'Aisne, arrivées & encavées dans son Cabaret le 28 dudit mois de Novembre, & saisies par le Procès-verbal des Commis, le 13 Décembre ensuivant, faute de déclaration & payement des Droits de Riviere, réduit l'amende de soixante-quinze livres, prononcée par ladite Sentence, à vingt-cinq livres, & condamne ledit Hourdé en tous les dépens.

Et sur l'appel interjetté par ledit Hourdé de ladite Sentence au chef qui concerne la garantie par lui demandée contre Felix Dumesnil Marinier, qui avoit voituré lesdits Vins, & pour n'en avoir pas fait déclaration, & payé les Droits de Riviere; continue l'Audience de la Cause au lendemain de S. Martin, dépens à cet égard reservés.

Des 12 Septembre & 28 Novembre 1744.

* Arrests de la Cour des Monnoyes, concernant la translation de domicile des Maîtres Orfévres, & qui deffendent d'en établir ailleurs que dans les Villes où sont établies les Jurandes & Communautés.

Du 15 Septembre 1744.

Arrest du Conseil, qui subroge Pierre Duvignau, Fermier des Devoirs de Bretagne, au Bail fait par Thibault Larue, Adjudicataire des Fermes Générales Unies, à Jacques Bruand, des Droits d'Imposts & Billots, Papiers & Parchemins timbrés de ladite Province, moyennant le prix & somme de huit cens douze mille cinq cens livres par an.

Du 19 Septembre 1744.

Arrest du Conseil, qui confisque au profit de la Communauté des Inspecteurs sur les Vins, plusieurs Piéces de Vin, saisies sur les nommés Labedouche, vendant Vin en détail; Baptiste, Limonadier tenant Chambres garnies; Née, aussi Limonadier tenant Chambres garnies; le Clerc, Tapissier tenant Chambres garnies; Mathieu, Perruquier tenant aussi Chambres garnies, pour avoir déclaré & acquitté les Droits comme Bourgeois, au lieu de les acquitter en Marchands, & les condamne chacun en trois cens livres d'amende.

Du 19 Septembre 1744.

* Arrest du Conseil, qui accorde à Dominique-Antoine Huel, Fermier des Droits des Marchés de Sceaux & de Poissy, le privilege & préférence à tous Créanciers pour le recouvrement de ses crédits sur les meubles & effets mobiliaires des Bouchers & autres de la Ville de Paris & de la Campagne.

Du 19 Septembre 1744.

* Arrest du Conseil, qui ordonne que les Nourrisseurs de Bestiaux de la Banlieue de la Ville de Paris, seront tenus de faire passer dans les Marchés de Sceaux & de Poissy, les Vaches & Bestiaux de leurs engrais qui n'y auront pas été achetés, & d'y payer aux Receveurs & Commis des Cautions de Huel, Fermier des Droits desdits Marchés, le sol pour livre du prix de la vente d'iceux, à peine de confiscation & de deux cens livres d'amende.

Du 19 Septembre 1744.

* Arrest contradictoire du Conseil, confirmatif d'une Ordonnance contradictoire de M. Berrier, Intendant de la Généralité de Poitiers, qui a confisqué sur Jean Meaume, Marchand d'Eau-de-vie à S. Jean d'Angely, trente-cinq Bariques & six Veltes d'Eau-de-vie, évaluées à la somme de douze cens livres, pour avoir fait la Marchandise & la Commission, & fraudé par ce moyen les Droits dûs à la revente, & condamné ledit Meaume en quatre cens livres d'amende, pour les fraudes énoncées aux Procès-verbaux des Commis des 12 Septembre & 18 Octobre 1742.

Des 24 Septembre 1744, & 7 Avril 1745.

* Sentence de l'Election de Paris, qui déclare deux Cuillieres & deux Fourchettes de Table, d'argent, vieilles, marquées du Poinçon de décharge courant, acquises & confisquées au profit du Fermier sur Louis Regnard, Orfévre, faute par lui de les avoir enregistrées; lui enjoint & à sa Femme d'être à l'avenir plus circonspects, de ne plus injurier les Commis du Fermier, & pour les injures par eux dites & leurs contraventions, les condamne solidairement en cent livres d'amende, & aux dépens envers toutes les Parties.

Et Arrest de la Cour des Aydes, qui confirme ladite Sentence, & condamne ledit Regnard & sa Femme en l'amende de douze livres & aux dépens.

Du 25 Septembre 1744.

* Arrest du Conseil, qui ordonne l'envoi des motifs de celui de la Cour des Aydes de Paris du premier Juillet précédent, par lequel le nommé René Gaillard, Courtier, a été mis hors de Cour sur la procédure extraordinaire commencée contre lui & le Fermier de la Marque & Controlle des Ouvrages d'Or & d'Argent, condamné en quatre cens livres de dommages & interests en faveur dudit Gaillard, entre les mains duquel il avoit été saisi plusieurs Ouvrages d'Argenterie vieille, sans être marqués du Poinçon du Fermier.

Du 25 Septembre 1744.

Arrest du Conseil, qui ordonne qu'il continuera d'être perçu vingt sols un denier sur chaque Porc vendu dans les Foires & Marchés de la Ville & Faux bourgs de Paris, Sceaux, Poissy, S. Germain en Laye, Longjumeau, S. Oüen, Montmorency, Arpajon, Chevreuse, & autres lieux de l'étendue du ressort du Châtelet, Présidial, Prévosté & Vicomté de Paris, destiné pour la consommation de Paris, & huit sols un denier seulement sur les Porcs destinés pour la consommation de la Campagne;

lesdits Droits payables par les Vendeurs avant de les livrer aux Acheteurs.

Du 25 Septembre 1744.

* Arrest du Conseil, qui ordonne que les Droits d'Octrois seront levés & perçus sur tous les Vins, Cidres, Bierres, Eaux-de-vie & Liqueurs, qui seront consommés dans la Ville de l'Orient.

Du 29 Septembre 1744.

* Jugement de la Commission du Conseil, établie à Valence, par lequel les nommés Claude & Pierre Bigeois Freres, & Jeanne Auvigne, leur Mere, ci-devant Concierges des Prisons Royales de la Ville de Dijon, ont été condamnés; sçavoir, ledit Claude à être blâmé de la négligence par lui apportée à la garde du nommé Nicolas Corrotte, dit le Frisé, qui s'évada desdites Prisons la nuit du 29 au 30 Janvier 1741, & en trois livres d'amende envers le Roy; & lesdits Pierre Bigeois & Jeanne Auvigne à être admonestés pour le meme fait; & en outre à trois livres d'aumône chacun envers les Pauvres de l'Hopital dudit Dijon, & tous les trois en tous les dépens solidairement.

FIN.

TABLE

DES

EDITS, DECLARATIONS,

ARRESTS ET REGLEMENS,

Rendus pendant la sixiéme année du Bail de Me. JACQUES FORCEVILLE.

Commencée le premier Octobre 1743, *& finie le dernier Septembre* 1744.

CONCERNANT les Domaines de France, Controlle des Actes des Notaires, Petits-Scels, Insinuations Laïques, Centiéme Denier, Controlle des Exploits, Greffes, Amortissemens, Francs-Fiefs & nouveaux Acquêts; & Droits reservés dans les Cours & Jurisdictions, par les Edits des mois d'Aoust 1716, Janvier & Novembre 1717, & rétablis par la Déclaration du 15 Mai 1722.

Du premier Octobre 1743.

ARREST du Conseil, qui ordonne qu'une somme de deux cens cinquante-huit livres, employée dans un Rolle de recouvrement de frais de Justice, induement payée par Sa Majesté, sera remboursée par le Procureur du Roi de Sens, seule Partie, attendu que les Procédures criminelles ont été par lui entreprises sans plaintes ni dénonciation.

Du 13 Octobre 1743.

Resultat du Conseil, portant Bail des Fermes Générales Unies sous le nom de Thibault la Ruë, pour six années à commencer du premier Octobre 1744, pour les Gabelles, Cinq Grosses Fermes, Aydes & Droits y joints, & du premier Janvier 1745, pour les Domaines, Controlle des Actes, Insinuations, Centiéme Denier, Greffes, Amortissemens & Droits y joints, aux prix, charges & conditions y portées.

Du 13 Octobre 1743.

* Déclaration du Roi, qui continue pendant les six années du Bail des Fermes Générales Unies, sous le nom de Thibault Laruë, la levée & perception du doublement des Droits du Domaine, Barrage & Poids le Roi de Paris, du Droit d'augmentation ou rehaussement du Sel qui se consomme & distribue en Franche-Comté, des Droits de Courtiers-Jaugeurs, de ceux d'Inspecteurs aux Boucheries & aux Boissons, des Droits manuels sur le Sel, de ceux réservés dans les Cours, Chancelleries, Présidiaux, Bailliages & autres Siéges & Jurisdictions, ensemble des deux & quatre sols pour livre sur ceux des Droits des Fermes qui y sont sujets.

Registrée au Parlement, Chambre des Comptes & Cour des Aydes de Paris les 20 Décembre 1743, & 30 Janvier 1744.

Au Parlement & Chambre des Comptes de Grenoble les 5 & 13 Mars 1744.

Au Parlement d'Aix le 23 Mars, & à la Chambre des Comptes de Provence le

Au Parlement de Rouen le 17 Mars, & à la Chambre des Comptes & Aydes les 5 & 11 desdits mois & an 1744.

Au Parlement de Rennes le 26 desdits mois & an.

A celui de Toulouse le 18.

Au Parlement & à la Cour des Aydes de Bordeaux les 12 & 18 Mars.

Au Parlement de Pau les 18 & 26 dudit.

A celui de Dijon le 20 dudit & le 30 Avril.

A celui de Metz le 5 Mars.
A celui de Douay le 6 dudit.
A celui de Besançon le 3 dudit.
A la Cour des Comptes, Aydes & Finances de Dole le 5 dudit.
A celles de Montpellier le 21 dudit.
A la Cour des Aydes de Clermont-Ferrand le 18 dudit.
A celle de Montauban le 21 Avril.
Au Conseil Superieur de Colmar le
Et à celui de Perpignan le 6 Mars de la même année 1744.

Du 15 *Octobre* 1743.

Arrest du Conseil, qui fixe le prix des Baux des Sous-Fermes des Aydes, Domaines & autres pour les six années du Bail de Thibault Larue, à commencer du premier Octobre 1744, pour les Aydes & Droits y joints, & du premier Janvier 1745, pour les Domaines, Controlle des Actes, Greffes, Amortissemens, Francs-Fiefs & Droits y joints.

Du 15 *Octobre* 1743.

* Arrest du Conseil, pour la prise de possession du Bail des Fermes Générales Unies, sous le nom de Thibault Larue, pendant six années, à commencer du premier Octobre 1744, pour les grandes & petites Gabelles, Droits manuels sur les Sels, Gabelles des Trois Evêchés, Domaines & Gabelles de Franche-Comté, & Droit de rehaussement sur le Sel dans ladite Province, Cinq Grosses Fermes, Droits sur les Huilles & Savons, Aydes, Entrées de Paris, Impots & Billots, & Formules de Bretagne, Marque d'Or & d'Argent, Marque des Fers, Formules dans les Pays où les Aydes ont cours, Domaine, Barrage, & Poids le Roi aux Entrées de Paris, Jauge & Courtage, Courtiers-Jaugeurs, Inspecteurs aux Boucheries & Boissons, Droits sur les Suifs à Paris, & pour la Ferme du Tabac; & au premier Janvier 1745, pour les Domaines de France, & Controlle des Exploits, Domaines de Flandre, Haynault, Artois, Alsace, & Principauté d'Orange, Controlle des Actes, Sceaux & Insinuations Laïques, Greffes,

Amortiſſemens, Francs-Fiefs, Formules dans les Provinces où les Aydes n'ont point cours, nouvelle Formule des Notaires de Paris, Droits réſervés dans les Cours & Juriſdictions du Royaume, Gages intermédiaires, Domaine d'Occident en France, Droits caſuels réunis au Domaine, & autres Droits compris au Bail dudit Larue, deux & quatre ſols pour livre de ceux de tous leſdits Droits qui y ſont ſujets.

Permet audit Larue & à ſes Sous-Fermiers de ſe ſervir des Timbres actuellement en uſage.

Diſpenſe les Employés qui ont prêté ſerment pendant les précédens Baux, & Sous-Fermes, de le prêter de nouveau; leur permet de verbaliſer dans le Reſſort des Juriſdictions où ils pourront ſe trouver; défend aux Juges d'annuller leurs Procès-verbaux, ſous prétexte que leurs noms ne ſe trouveroient point inſcrits dans un Tableau dépoſé au Greffe de leur Juriſdiction.

Permet audit Larue, & à ſes Sous-Fermiers, d'entretenir ou de reſilier les Baux à loyer des Maiſons & Greniers, enſemble les Abonnemens, Traités & Marchés qui peuvent avoir été ci-devant faits par les précédens Fermiers & Sous-Fermiers, de partie deſdites Fermes & Droits.

Régle les Droits d'enregiſtrement dudit Arrêt, & ceux de reception & preſtation de ſerment des Employés; & ordonne que les Réglemens rendus au profit des précédens Fermiers, ſeront exécutés en faveur dudit Larue, & de ſes Sous-Fermiers, comme s'ils avoient été rendus ſous leurs noms.

Du 15 Octobre 1743.

Arreſt du Conſeil, qui accepte les offres faites par les Etats & Magiſtrats des Provinces, Villes, Chatellenies & Communautés qui compoſent l'Intendance de Flandre; en conſéquence, ordonne qu'en payant par eux, & par forme d'Abonnement, pour tenir lieu des Droits de Controlle des Actes des Notaires & Sous-ſignatures privées, Inſinuations Laïques, Petits Scels & Centiéme Denier, la ſomme de cent cinquante-huit mille ſoixante-dix-huit livres dix ſols par chacun an à Thibault Larue, Adjudicataire des Fermes Générales Unies, pendant les six années de son Bail, à commencer du premier Janvier 1745, les Habitans desdites Provinces, Villes, Chatellenies & Communautés dépendantes de ladite Intendance de Flandres, demeureront déchargés, pendant lesdites six années, de l'exécution de la Déclaration du 29 Septembre 1722, & que tous les Contrats & Actes passés par les Notaires de Flandres, entre Flamands & autres Parties, l'une desquelles sera domiciliée en Flandres, pourront être exécutés & produits en Justice dans toutes les autres Provinces du Royaume, sans être assujettis au Controlle ni à l'Insinuation.

Du 15 Octobre 1743.

Arrest du Conseil, qui accepte les offres faites par les Magistrats, Mayeurs & Echevins des Villes, Bourgs & Communautés de la Province du Haynault, qui composent actuellement l'Intendance de Valencienne; en conséquence, ordonne qu'en payant par eux, & par forme d'Abonnement, pour tenir lieu des Droits de Controlle des Actes des Notaires & Soussignatures privées, Insinuations Laïques, Petits-Scels & Centiéme Denier, la somme de trente-six mille neuf cens vingt-une livres dix sols par chacun an à Thibault Larue, Adjudicataire des Fermes Générales Unies, pendant les six années de son Bail, à commencer du premier Janvier 1745, les Habitans des Villes, Bourgs & Villages de ladite Province du Haynault, qui composent l'Intendance de Valenciennes, demeureront déchargés, pendant lesdites six années, de l'exécution de la Déclaration du 29 Septembre 1722, & que tous Contrats & & Actes passés par les Notaires de la Province du Haynault entre les domiciliés ou autres Parties, l'une desquelles sera domiciliée en ladite Province du Haynault, pourront être exécutés & produits en Justice dans toutes les autres Provinces du Royaume, sans être assujettis au Controlle ni à l'Insinuation.

Du 15 Octobre 1743.

Arrest du Conseil, qui accepte les offres faites par les Etats de la Province d'Artois; en conséquence, ordonne qu'en payant par eux, par forme d'Abonnement, pour tenir lieu des Droits de Controlle des Actes des Notaires & Sous-signatures privées, Insinuations Laïques, Petits-Scels, Centiéme Denier & Droits dus pour les Usages & Communaux dont jouissent les Communautés Laïques de ladite Province, la somme de quatre-vingt-dix mille livres par an à Thibaut Larue, Adjudicataire des Fermes Générales Unies, pendant les six années de son Bail, à commencer du premier Janvier 1745, les Habitans de ladite Province demeureront déchargés, pendant lesdites six années, de l'exécution de la Déclaration du 29 Septembre 1722, ensemble desdits Droits d'Usage, & que tous les Contrats & autres Actes passés par les Notaires de ladite Province d'Artois, entre les domiciliés ou autres Parties, l'une desquelles sera domiciliée en ladite Province, puissent être exécutés & produits en Justice dans toutes les autres Provinces du Royaume, sans être assujettis au Controlle ni à l'Insinuation.

Du 16 Octobre 1743.

* Déclaration du Roi, pour le recouvrement des Gages intermédiaires, & du montant des Abonnemens des Droits de Courtiers-Jaugeurs, Inspecteurs aux Boucheries & aux Boissons, Huiles & Savons, nouveaux Acquêts & Usages dûs par les Communautés Laïques, du Bail de Thibault Larue.

Registrée en la Chambre des Comptes de Paris le 24 Octobre 1744.

En celle de Rouen le 26 Septembre.

Au Parlement & Chambre des Comptes de Pau les 7 Septembre & 12 Décembre.

A la Chambre des Comptes de Montpellier le 9 Septembre.

A celle de Dijon le 27 Septembre.

Au Parlement & Chambre des Comptes de Metz le 27 Août.

A la Chambre des Comptes de Grenoble le 19 Décembre.

A celle de Dole le 21 Août de la même année 1744.

A celle d'Aix le

Et à celle de Nantes le 30 Mars 1748.

Du 29 Octobre 1743.

* Arrest du Conseil, qui condamne le Sieur Roques, Graveur de la Monnoye de Caën, à payer le Droit de Franc-Fief du Fief de Livet & du Domaine utile en dépendant, par lui acquis par deux Contrats séparés, conformément à l'Arrest du 15 Février 1673, & à l'Article III. de la Déclaration du 23 Juin 1731.

Du 4 Novembre 1743.

* Départemens de Messieurs les Fermiers Généraux, pour le service des Fermes Royales Unies, pendant la sixiéme année du Bail de Jacques Forceville.

Du 25 Novembre 1743.

* Déclaration du Roi, portant Réglement général sur l'Etablissement des Ordres Religieux & Gens de Main-morte dans les Isles & Colonies Françoises de l'Amérique, & les acquisitions de Biens qu'ils y peuvent faire, *contenant vingt-trois articles.*

Décembre 1743.

* Edit du Roi, qui augmente la Finance & les Gages des Officiers des Chancelleries du Royaume & des Payeurs de leurs Gages, & les confirme dans leur Privilége de Noblesse au premier degré, dans l'Exemption des Droits Seigneuriaux pour leurs acquisitions dans le Ressort des Cours & Conseils Superieurs & Provinciaux, près desquels sont établies les Chancelleries dont ils sont Officiers, ainsi que dans le Droit de Committimus au petit Sceau, & dans les autres Exemptions de Taille, Logement de Gens de Guerre, de Tutelle, Curatelle, Guet & Garde, &c. *contenant cinq articles. Regisltré en Parlement le 20 Décembre 1743.*

Décembre 1743.

* Edit du Roi, qui augmente la Finance & les Gages des Officiers de la Grande Chancellerie, & les confirme dans leurs Priviléges & Exemptions de tous Profits de Fiefs, Quints, Requints, Droits de Lods & Ventes, Reliefs, Treiziéme, Rachats, Echanges, & autres Droits Seigneuriaux & Féodeaux, de quelque nature qu'ils soient, dûs au Roi, tant en vendant qu'en achetant, même dans les cas de Retrait, pourvû qu'il n'y ait de leur part ni dol ni fraude; & pour y obvier, ordonne que s'ils revendent les Terres & Biens par eux acquis à des non Privilégiés avant que de les avoir possédés cinq années, ils payeront les Droits pour les deux acquisitions, *contenant six articles. Registré en Parlement le 20 Décembre 1743.*

Décembre 1743.

* Edit du Roi, portant augmentation de Finance & de Gages aux trois cens Secretaires du Roi de la Grande Chancellerie, & les confirme dans leurs Priviléges & Exemptions de tous Profits de Fiefs, Quints, Requints, Droits de Lods & Ventes, Reliefs, Treiziéme, Rachats, Echanges, & autres Droits Seigneuriaux & Féodaux, de quelque nature qu'ils soient, dûs au Roi, tant en achetant qu'en vendant, même dans les cas de Retrait, pourvû qu'il n'y ait de leur part ni dol ni fraude; & pour y obvier, ordonne que s'ils revendent les Biens par eux acquis à des non Privilégiés, sans les avoir possédés cinq années, ils payeront lesdits Droits pour les deux acquisitions, *contenant six articles. Registré en Parlement le 20 Décembre 1743.*

Décembre 1743.

* Edit du Roi, qui accorde l'hérédité aux Controlleurs Généraux des Finances, unis ou non unis aux Controlleurs Généraux des Domaines & Bois. *Registré en Parlement le 20 Décembre 1743.*

Décembre

Décembre 1743.

* Edit du Roi, qui confirme les Receveurs & Controlleurs Généraux des Domaines & Bois dans leurs Priviléges & Exemptions; leur attribue des Taxations sur la portion des Droits Seigneuriaux, ci-devant accordés à l'Ordre de Saint Louis, & réunis au Domaine du Roi, ainsi que sur les Privilégiés, ausquels la remise desdits Droits n'a été accordée que depuis lesdites attributions de Taxations, & sur les Droits dus à cause des Domaines engagés postérieurement aux attributions; leur accorde pareillement des Taxations fixes pour raison des Recettes & Dépenses qu'ils font, & six deniers pour livre sur les Biens réclamés par ceux qui ont droit sur les Biens adjugés au Roi à titre d'Aubaine, Batardise, Deshérence & Confiscations, dont lesdits Receveurs Généraux continueront de faire le recouvrement; le tout en payant par eux les sommes pour lesquelles ils seront employés dans les Rolles arrêtés au Conseil, *contenant huit articles. Registré en Parlement le 20 Décembre 1743.*

Décembre 1743.

* Edit du Roi, qui augmente la finance & les gages des Officiers des Bureaux des Finances, & les confirme dans leurs Priviléges, en payant la somme de trois millions & les deux sols pour livre, pour quoi ils jouiront de cent cinquante mille livres de gages, qui seront exemts du Dixiéme ordonné par la Déclaration du 29 Aoust 1741, *contenant cinq articles. Registré en Parlement le 20 Décembre 1743.*

Décembre 1743.

* Edit du Roi, qui accorde aux Officiers des Bureaux des Finances la survivance de leurs Offices, en faisant par eux le rachat du Droit annuel, & les décharge du rachat du Prêt, *contenant quatre articles. Registré en Parlement le 20 Décembre 1743.*

Du mois de Décembre 1743.

* Lettres Patentes, portant Don du Duché & Pairie de Chateauroux en faveur de la Dame Marquise de la Tournelle. *Registrées au Parlement, à la Chambre des Comptes & à la Cour des Aydes, les* 17, 24 *&* 29 *Janvier* 1744.

Du 10 *Décembre* 1743.

* Arrest du Conseil, qui condamne la Communauté du Masgrenier, Généralité d'Auch, à payer au Fermier du Domaine du Roi une Rente de cinq livres en argent, sept bariques de Vin, sept sacs de Bled & sept sacs d'avoine, avec les arrérages d'icelle depuis vingt ans, sur le pied que les Grains & Vins ont valu aux échéances de chacune année.

Du 30 *Décembre* 1743.

* Arrest du Conseil, qui ordonne que les Officiers de la Maîtrise Particuliere des Eaux & Forests de Sezanne, précéderont ceux de l'Election de la même Ville en toutes Assemblées publiques & particulieres; leur fait deffenses de troubler lesdits Officiers de la Maitrise des Eaux & Forests dans ladite préséance, & les condamne aux dépens.

Du 31 *Décembre* 1743.

* Arrest du Conseil, qui ordonne que les Sous-Fermiers des Domaines, chacun dans leur Généralité, remettront aux Receveurs Généraux desdites Généralités, des Copies collationnées de tous les Titres d'Engagement qui doivent leur être fournis par les Engagistes, en exécution de l'Arrest du 5 Mars 1743.

Du 9 *Janvier* 1744.

* Arrest du Parlement de Metz, donné à l'occasion du Droit de Protection appartenant au Roi sur les Terres Neutres, & Re-

ligieux de l'Abbaye Saint Hubert, & de l'enlevement fait, de l'ordre de la Reine de Hongrie, de trois Religieux de ladite Abbaye; ordonne le renvoi des nommés Remacle, Greffier, & Piette, Portier de ladite Abbaye, & que les Soldats ou Particuliers, Sujets de la Reine d'Hongrie, enlevés de l'ordre du Roi de l'Abbaye où ils étoient en Garnison, resteront dans les Prisons de Metz à titre de Représaille, jusqu'à ce que les trois Religieux enlevés ayent été relâchés; que l'Abbé soit rétably dans son Abbaye, ses Domaines indemnisés, & que les Procédures criminelles intentées contre lui de l'ordre de la Reine d'Hongrie ayent été annullées.

Du 12 Janvier 1744.

* Déclaration du Roi, portant attribution au Bailliage de Versailles, de tous Procès pour fait de Chasse dans l'étendue des Parcs de Versailles & de Marly, sauf l'appel au Conseil.

Du 13 Janvier 1744.

* Arrest du Parlement de Metz, qui casse un Decret du Conseil de Luxembourg du 5 Aoust précédent, & six Ordonnances rendues par le Procureur Général dudit Conseil, concernant l'Abbaye de Saint Hubert, & autres Terres Neutres le long du Chemin Neuf, qui sont sous la Protection du Roi, dans lequel sont énoncés les Titres qui établissent les Priviléges de ladite Abbaye, & le Droit de Protection appartenant au Roi sur lesdites Terres Neutres, Abbaye & Religieux de Saint Hubert.

Du mois de Février 1744.

* Edit du Roi, portant réunion de la Prevôté de la Ville de Dourdan au Bailliage de ladite Ville, ainsi que du Greffe de ladite Prevôté à celui du Bailliage, & Réglement pour l'union des Officiers de la Prevôté au Bailliage, *contenant six articles. Regiſtré en Parlement le 28 Février 1744.*

Du 4 Fevrier 1744.

* Arrest du Conseil, qui déboute les Seigneurs, Habitans & Communautés des Villages, Hameaux & Censes d'Argoules, Petit Chemin, Dominois, Beaucamp, Wailly, Berck, Grosflier, Vaban, Verton, S. Aubin, Merlemont, Conchil-le-Temple, Noyelle, Ligny, Nampont, Uron & Bailloux, de leurs demandes, & ordonne l'exécution des Arrests du Conseil, & Lettres-Patentes des 13 Avril & 24 Juin 1743, par lesquels ils ont été assujettis aux Droits établis dans la Province de Picardie, à laquelle ils ont été réünis.

Du 4 Février 1744.

Arrest du Conseil, qui évoque une Assignation donnée au Bureau des Finances de Paris le 18 Novembre précédent au nommé Deville, Débitant de Tabac, à la requête des Commissaires de la Voyerie de ladite Ville, pour se voir condamner au payement d'une somme de quatre livres pour Droit de Voyerie d'un Ecriteau movible mis au-devant de la porte de sa Boutique, indicatif qu'il vend du Tabac, & en l'amende, pour avoir mis cet Ecriteau sans en avoir obtenu la permission, pour sur ladite Assignation, circonstances & dépendances, être fait droit aux Parties, au Rapport de M. le Controlleur Général des Finances, ainsi qu'il appartiendra, avec défenses de se pourvoir pour raison de ce ailleurs qu'au Conseil, à peine de nullité, cassation de Procédures & Jugemens, & de tous dépens, dommages & intérêts.

Du 4 Février 1744.

* Arrest du Conseil, qui déclare la veuve du Sieur Pingré de Fricamps, non-recevable en son opposition à l'Arrest de Réglement du 3 Décembre 1737, & dans son appel de deux Ordonnances de M. l'Intendant d'Amiens, qui l'ont condamnée au payement du Centiéme denier d'une cession de Retrait féodale, exercée par le Sieur Pingré de Fricamps son mari.

Du 4 Février 1744.

Arrest du Conseil, pour faire incendier les Piéces qui ont servi à la reddition des Comptes particuliers des Amendes de Consignation, rendus par les Sous-Fermiers des Domaines des Baux de Pierre Carlier & Nicolas Desboves, commencés le premier Janvier 1727, & finis le dernier Décembre 1738.

Du 4 Février 1744.

* Arrest du Conseil, qui casse une Sentence du Bailliage de Caën du premier Avril 1743, & ordonne que les Articles II. & XIV. du Titre de la Jurisdiction, IV. & XX. du Titre des Bois, Prés, Marais, Landes, Pâtis & autres Biens appartenans aux Habitans des Paroisses, de l'Ordonnance des Eaux & Forêts du mois d'Août *1669*, ensemble les Arrests du Conseil des 17 Août 1700, 19 Juin 1731, 6 Janvier 1739 & 12 Septembre 1741, & l'Ordonnance du Maître Particulier de la Maitrise de ladite Ville de Caën, seront exécutés selon leur forme & teneur; & en conséquence, ordonne aux Habitans de Petiville de se pourvoir & procéder en premiere Instance pardevant les Officiers de ladite Maitrise jusqu'à Sentence définitive inclusivement, pour raison des entreprises faites sur les Pâtis communs de ladite Paroisse, &c.

Du 8 Février 1744.

* Arrest contradictoire rendu en la Grand'Chambre du Parlement de Paris sur les Conclusions de M. le Procureur Général, qui juge qu'il est dû à Sa Majesté des Droits de Lods & Ventes à cause de la donation d'une Maison en sa Mouvance, faite à la charge d'une Rente viagere en faveur de la Donatrice.

Du 11 Fevrier 1744.

* Jugement rendu par les Commissaires Généraux du Conseil, députés pour juger en dernier ressort les affaires concer-

nant la succession de Jean-Baptiste Gally de Turqueville; Louis Copin de Valaupuy, Jean Tremizard & Simon Viaut, leurs Cautions & Associés, portant Réglement pour la régie & exploitation des Forges & Fournaux de Poizac, Choffailles & la Feuillade & Bois en dépendans, ensemble pour le flottage desdits Bois de la Feuillade sur la riviere de Vienne près Limoges, desquels Usines & Bois ledit de Turqueville & ses Associés s'étoient rendus Adjudicataires.

Du 2 Mars 1744.

* Arrest du Conseil, qui casse & annulle un Jugement rendu au Souverain à la Table de Marbre du Palais à Paris, du 18 Octobre 1743, contre le Sieur Darloz de la Servette, Chevalier, Comte d'Entremont, en qualité de Seigneur de la Baronie de Saint Victor, pour la Seigneurie & Propriété de la Riviere de Loire dans toute son étendue, depuis Maleval jusqu'à la Roche Maupiorou, & le Droit d'avoir une Ecluse dans ledit espace, & évoque le fonds des contestations, pour y être fait droit au Conseil.

Du 4 Mars 1744.

* Décision du Conseil, qui assujettit au Droit de Franc-Fief le Sieur Dumaniel d'Aplincourt, Gentilhomme des Toilles de Chasse, Tentes & Pavillons du Roi, pour raison des Fiefs d'Aplincourt, Jardinet & Triquerie, dont il est Propriétaire, & ce nonobstant les Arrests rendus en faveur de quelques Officiers de la Venerie, qu'il vouloit faire déclarer communs pour lui.

Du 5 Mars 1744.

Décision du Conseil, qui juge que le Droit de Franc-Fief est dû par le Sieur de la Gasteliere, Concierge du Château Royal de Blois, pour sa Terre & Seigneurie de Leondiere, nonobstant la prétention dudit Sieur de la Gasteliere, qui soutenoit en être exempt, sous prétexte que sa Charge lui donnoit cette exemption en qualité de Commensal de la Maison du Roi.

Du 20 Mars 1744.

Décision du Conseil, qui accorde à Madame la Comtesse de Sienne un délai jusqu'à la Saint Jean de la même année, pour rapporter un Acte de Partage, & payer le Droit de Centiéme denier de la moitié de la Terre de Fontenille, licitée entre la mere de ses petits-enfans & Madame sa sœur, duquel Droit Madame de Sienne demandoit la décharge, prétendant que l'Acte en question étoit une soulte de Partage & non une licitation.

Du 22 Mars 1744.

* Arrest du Parlement, portant qu'à l'avenir les Fermiers des Voitures & Messageries publiques ne percevront que le prix ordinaire de la Taxe & Salaires à eux accordés par les Réglemens pour la conduite des Prisonniers & port des Procès, sauf à les augmenter, suivant la qualité & condition des Prisonniers.

Du 24 Mars 1744.

* Déclaration du Roi, *registrée en Parlement le 16 Avril suivant*, qui dispense ceux qui acquéreront à l'avenir les Offices de Chevalier d'Honneur des Bureaux des Finances, de faire preuve de Noblesse.

Du 24 Mars 1744.

Arrest du Conseil, qui liquide à la somme de quatre cens livres l'indemnité dûe à Jacques Forceville, pour lui tenir lieu du Droit de Timbre de deux mille cinq cens feuilles de Papier de Compte par lui fournies à M. le Maréchal de Belleisle, & destiné à faire des Expéditions des Titres qui doivent lui être remis concernant les Domaines & Droits que le Roi lui a donnés en échange du Marquisat de Belleisle, de laquelle somme de quatre cens livres il sera tenu compte audit Forceville sur le prix de son Bail.

Du 30 Mars 1744.

* Arrest du Parlement de Metz, qui casse & annulle une Ordonnance du Conseil de Luxembourg, pour avoir ordonné des Prieres publiques à l'Abbaye Saint Hubert & autres Terres Neutres, pour la Reine d'Hongrie & le Grand Duc de Toscane son Epoux, sous prétexte de Souveraineté, quoique cette Abbaye & Terres Neutres soient sous la Protection du Roi.

Du 31 Mars 1744.

* Lettres Patentes, *registrées au Parlement le 21 Mai suivant*, qui ordonnent la vente de deux cens soixante-un arpens cinquante perches de Bois, dépendans du Domaine de Versailles & de Marly, pour l'ordinaire de 1745.

Du 31 Mars 1744.

* Arrest du Conseil, portant que les Rolles, Quittances Exploits, Assignations, Saisies, & autres Expéditions & Procédures, qui seront faites pour l'exécution des Edits du mois de Décembre 1743, & Déclaration du 3 du même mois, concernant les supplémens de finance ordonnés être payés par les Officiers des Chancelleries, Bureaux des Finances, Officiers comptables & leurs Controlleurs, les Receveurs & Controlleurs des Domaines & Bois, Controlleurs des Finances, Notaires, Procureurs & Huissiers des Jurisdictions Royales, pourront être faits en Papier non timbré, & seront exempts du Controlle des Exploits, à l'exception seulement des demandes & sommations en garantie qui pourront être faites de Particulier à Particulier, à l'occasion du recouvrement desdites Finances, pour lesquelles il en sera usé comme par le passé.

Du 11 Avril 1744.

Lettre de Monseigneur le Controlleur Général à M. l'Intendant d'Orléans, par laquelle il lui demande les motifs d'une Ordonnance

Ordonnance du 25 Janvier précédent, au ſujet de la préférence du Fermier ſur les Créanciers des Biens ſujets au Droit du Centiéme denier.

Des 15 Avril & 10 Juillet 1744.

* Arreſt du Conſeil & Lettres Patentes, *regiſtrées en la Chambre des Comptes le premier Aouſt* 1744, qui ordonnent que les Tréſoriers des Ponts & Chauſſées, ſupprimés, qui ont repris le même Office nouvellement créé, & qui ont payé l'excédent de finance de ce nouvel Office avant le premier Mai précédent, ainſi que les nouveaux Acquéreurs, qui en ont payé dans le même terme la finance totale au Tréſorier des Revenus Caſuels, ſeront diſpenſés du payement des deux ſols pour livre en ſus de la finance principale de chacun deſdits Offices.

Du 17 Avril 1744.

* Sentence du Maître Particulier des Eaux & Forêts de la Maîtriſe de la Ville, Prevôté & Vicomté de Paris & lieux en dépendans, pour empêcher les délits qui ſe commettent dans les Bois & ſur les Terres de l'Abbaye de Chambre-Fontaine, portant défenſes à toutes perſonnes de couper aucunes branches d'arbres & brins de taillis, & d'acheter aucuns bois pris en délit dans leſdits Bois, comme auſſi de porter fuſils, ni chaſſer ſur leſdites Terres; & aux Rotiſſeurs, Pâtiſſiers, & autres, d'acheter des Habitans deſdites Terres, aucun Gibier, ſous les peines portées par les Réglemens.

Du 18 Avril 1744.

* Arreſt de la Cour de Parlement, qui oblige à la réſidence les Notaires dans le Reſſort des Juſtices où ils ont droit d'inſtrumenter, & juge qu'un Particulier eſt non-recevable à forcer le Seigneur & Propriétaire des Offices de Notaires à lui donner ſa nomination, &c.

Du 28 Avril 1744.

* Arrest du Conseil, qui casse un Appel & des Assignations au Parlement, & ordonne que les Ordonnances & Sentences interlocutoires de la Maîtrise particuliere des Eaux & Forêts d'Auxerre, qui étoient l'objet de cet Appel, seront exécutées selon leur forme & teneur, comme ayant passé en force de chose jugée en dernier ressort; fait défenses aux Parties de procéder, pour raison du fait dont il s'agit en premiere Instance, ailleurs qu'en ladite Maîtrise, & par appel, au Conseil, à peine de nullité, cassation de Procédures, & de tous dépens, dommages & intérêts.

Nota. Cet Arrest juge, 1°. Que les Jugemens interlocutoires ou préparatoires des Maîtrises sont exécutoires par provision, suivant l'Article VI. du Titre XIV. des Appellations de l'Ordonnance du mois d'Aoust *1669*, doivent passer en force de chose jugée en dernier ressort, comme toutes les Sentences en général à condamnations, faute d'en relever l'appel, ou de l'avoir mis en état de juger dans les trois mois après la prononciation ou signification desdits Jugemens, suivant les Articles III. IV. & V. du même Titre.

2°. Que cette décision a lieu même dans les Instances dont les Jugemens doivent être portés, sur l'Appel des Maîtrises, au Conseil.

3°. Que les Instances sur la propriété de Bois communaux, intentées par un Seigneur en sa Justice, postérieurement à un Arrest du Conseil, qui ordonne l'amenagement, sont de la compétence des Maîtrises, & que l'on doit porter au Conseil l'appel même comme de Juge incompétent, des Sentences & Ordonnances desdites Maîtrises, & non ailleurs, à peine de nullité, cassation de Procédures, & de tous dépens, dommages & intérêts.

Du 5 Mai 1744.

* Arrest du Parlement de Paris, confirmatif d'une Sentence de la Chambre du Domaine & Trésor du Palais, du 15 Juillet 1741, qui juge que des enfans qui prennent en payement, du compte de communauté de leur mere, & de leur compte de Tutelle, des héritages acquis pendant ladite communauté par leur pere & mere, & appartenans à leur pere comme lui étant échus par le partage de ladite communauté, doivent les Lods & Ventes du prix de ces héritages.

Du 5 Mai 1744.

* Sentence du Bureau de la Ville, qui condamne Gabriël Lezié, Jardinier Maraiſcher, en trois mille livres d'amende, applicable à l'Hôpital Général, pour avoir conſtruit un Corps de Logis de quatorze pieds de face, treize pieds de profondeur, & de dix-huit pieds de haut, ſous l'égout de la couverture, dans un emplacement lui appartenant au Gros Caillou ; ordonne qu'il ſera raſé, les matériaux confiſqués, & la place réunie au Domaine du Roi ; & que ledit Lezié ſera tenu de déclarer les Entrepreneur, Maître Maçon, Charpentier & Ouvriers qui ont conduit & travaillé auſdits Ouvrages.

Du 8 Mai 1744.

Arreſt du Conſeil, ſur la Requête de Jacques Forceville, Adjudicataire des Fermes Générales Unies, tendante à ce qu'en évoquant un appel interjetté au Parlement par la Dame de Malezieu, d'une Sentence de la Chambre du Domaine du 5 Octobre 1743, ladite Dame de Malezieu fût condamnée à rétablir & remettre au Fermier & à ſes Commis les deux Arcades & lieux appartenans au Domaine du Roi dans la Halle aux Farines, & qui ont toujours ſervi de Bureau pour la perception des Droits du Poids-le-Roi, au même & ſemblable état qu'elles étoient avant la reconſtruction de la Maiſon qui étoit ci-devant bâtie au-deſſus d'icelles ; ordonne que ladite Requête ſera communiquée à la Dame de Malezieu, pour y fournir de réponſe dans les délais de l'Ordonnance, ſinon ſera fait droit, toutes choſes juſqu'à ce demeurant en état.

Du 8 Mai 1744.

* Arreſt du Conſeil, qui ordonne, ſans avoir égard à treize Ordonnances de M. de la Bourdonnaye, Intendant de la Généralité de Rouen, & du Sieur de Caumont ſon Subdélegué, que les Particuliers y dénommés payeront les Droits de Franc-

Fiefs des héritages Nobles, dont ceux ausquels ils ont succédé ont joui, au prorata, du tems de leur jouissance.

Du 13 Mai 1744.

Décision du Conseil, qui décharge un Intéressé dans le Canal de Briare, du Droit de Franc-Fief pour plusieurs portions d'Intérêts par lui acquis dans ledit Canal.

Du 18 Mai 1744.

* Arrest de la Cour du Parlement, qui déclare nulles des saisies & arrêts faites entre les mains des Receveurs Généraux des Domaines & Bois de la Généralité de Paris, faute de Visa d'icelles, conformément à la disposition de l'Edit de Février 1705.

Du 30 Mai 1744.

* Arrest du Conseil, portant que tous ceux qui ont été reçus dans les Communautés d'Arts & Métiers des Villes & Bourgs de la Généralité de Tours, où il y a Jurande, depuis le premier Avril 1722, & ceux qui seront reçus à l'avenir, payeront les trois sols ou quatre sols pour livre des Epices & Vacations des Juges devant lesquels ils ont été ou seront reçus, & ont prêté ou prêteront serment, conformément à l'Edit du mois d'Aoust 1716, à la Déclaration du 3 Aoust 1732, & aux Arrests du Conseil des 3 Mai 1723, 10 Juin 1738 & 5 Septembre 1741; défend à tous ceux qui se feront recevoir à l'avenir dans lesdites Communautés, d'ouvrir Boutique sans être Porteurs des Expéditions de leurs Actes de Receptions & de Prestations, à peine de cinq cens livres d'amende, & d'avoir leurs Boutiques fermées pendant trois ans.

Du 30 Mai 1744.

Arrest contradictoire du Conseil, qui déboute François le Gras, Sous-Fermier des Domaines & Cessionnaire de Louis Bourgeois, Adjudicataire des Fermes Générales Unies du Bail commencé au premier Octobre 1720, de ses demandes, fins & conclusions, tendantes au payement des quatre sols pour livres des Epices & Vacations des Officiers de la Chambre des Comptes de Provence, échus depuis le premier Avril 1722 jusqu'au premier Octobre 1726, & ce au moyen de l'Epoque de la jouissance desdits Droits, fixée audit jour par la réponse faite aux Articles I. & II. du Cahier de Remontrances des Etats dudit Pays de Provence le 31 Octobre 1737, & par l'Arrest du Conseil du 12 Novembre suivant.

Du 2 Juin 1744.

* Arrest du Conseil, qui ordonne que le Marché du Neufbourg, où se vendent les Bestiaux destinés pour l'approvisionnement de Paris, se tiendra à l'avenir le Lundi pendant toute l'année.

Du 5 Juin 1744.

* Arrest du Conseil, qui casse un Arrest de la Chambre des Eaux & Forêts du Parlement de Toulouse du 23 Avril 1743, & tout ce qui peut s'en être ensuivi, & conformément aux Articles I. II. & XIV. du Titre Premier de l'Ordonnance du mois d'Aoust 1669, & aux Arrêts du Conseil des 19 Juin 1731, 29 Mars 1735, 6 Mars 1736, 6 Janvier 1739, 12 Septembre 1741 & 4 Février 1744; ordonne que la Sentence de la Maîtrise de Rhodès du 23 Juillet 1742, rendue à l'occasion du cours des Eaux, & du défrichement d'une portion des Marais & Pâtis communs de la Paroisse des Vialetes, portant défenses aux Parties de procéder ailleurs, à peine de nullité, cassation de Procédures, mille livres d'amende, & de tous dépens, dommages & intérêts, sera exécutée selon sa forme & teneur, comme ayant passé en force de chose jugée.

Du 5 Juin 1744.

* Arrest du Conseil, par lequel Sa Majesté, sans s'arrêter à l'Arrest du Parlement de Paris du 20 Mai 1744, ni à tout ce qui s'en est ensuivi, ordonne que la Procédure extraordinaire

commencée par le Grand-Maître des Eaux & Forêts du Département de Champagne, contre les nommés Jean le Blanc & Jean Launois, & Habitans du Village de Thin Lemontier, actuellement détenus ès Prisons de la Ville de Reims, pour s'être opposés avec rebellion à l'exécution de l'Article Premier du Titre XXV. de l'Ordonnance des Eaux & Forêts du mois d'Aoust 1669, sera par lui continuée en sa qualité de Grand-Maître & de Commissaire du Conseil en cette partie, jusqu'à Jugement définitif, sauf l'appel au Conseil.

Du 12 Juin 1744.

* Arrest du Conseil, qui condamne le Sieur Piquefeu à payer au Fermier du Domaine de la Généralité de Rouen le Droit d'Echange, pour des héritages acquis à titre d'échange par le Sieur Piquefeu son pere, Auditeur en la Chambre des Comptes de Rouen, dans la Direction d'un Seigneur particulier, auquel lesdits Droits n'ont point été aliénés, & ce nonobstant l'Exemption prétendue accordée aux Officiers de ladite Chambre des Comptes par différens Edits.

Du 13 Juin 1744.

* Ordonnance du Roi, concernant la Chasse, qui permet de faucher les Prés avant la Saint Jean.

Du 13 Juin 1744.

Décision du Conseil, qui confirme une Ordonnance de M. l'Intendant de la Généralité d'Orléans du 28 Aoust 1743, par laquelle le nommé Bourdeau, Controlleur des Actes au Bureau de Maintenon, a été condamné à la restitution de dix-huit cens livres quatre sols de Droits par lui perçus, ou dont il a mal à propos compté au Fermier de l'Apanage de M. le Duc d'Orléans, en dix mille six cens livres d'amende pour différentes contraventions, & à remettre au Fermier ou à ses Préposés les Registres & Papiers de la Ferme qu'il a entre ses mains.

Du 19 Juin 1744.

* Arreſt du Conſeil, qui ordonne que le Fermier judiciaire de la Terre, Juſtice & Seigneurie de Lille-ſous-Montreal, remettra ès mains du Receveur Général des Domaines & Bois de Paris, en déduction du prix de ſon Bail judiciaire, une ſomme pour laquelle le Seigneur de ladite Terre eſt employé dans un Rolle de recouvrement de frais de Juſtice, ladite ſomme induement avancée par Sa Majeſté, à ce faire ledit Fermier judiciaire contraint comme pour les propres deniers & affaires de Sa Majeſté.

Du 19 Juin 1744.

* Arreſt du Conſeil, qui ordonne que les Officiers de l'Election de Paris procéderont à la levée des Scellés apposés ſur les Effets du feu Sieur le Blanc, ci-devant Receveur des Entrées de Paris au Bureau du Port Saint Nicolas, après toutefois que ceux apposés par le Sieur de Courcy, Commiſſaire au Châtelet, auront été par lui reconnus; à l'effet de quoi il ſera tenu de comparoître à la premiere ſommation qui lui en ſera faite, ſinon & à faute de ce faire, que leſdits Scellés ſeront briſés & rompus, après avoir été préalablement reconnus ſains & entiers, pour être enſuite procédé par leſdits Officiers de l'Election à l'inventaire & deſcription deſdits Effets, & Jugement des conteſtations qui pourront ſe former à ce ſujet, le tout en la maniére accoutumée.

Fait défenſes aux Officiers du Châtelet de troubler ceux de l'Election, & à tous Juges, autres que ceux des Aydes, Gabelles, Traittes, & autres Fermes de Sa Majeſté, d'apposer aucuns Scellés ſur les Caiſſes & Effets des Receveurs & autres Comptables deſdites Fermes, ſoit en cas de mort ou autrement, & de s'immiſcer à l'avenir dans la connoiſſance des Affaires concernant les Fermes, à moins qu'ils n'en ſoient requis par les Fermiers ou Régiſſeurs, leurs Procureurs ou Commis; le tout à peine de nullité, & de tous dépens, dommages & intérêts, & ſous telles autres peines qu'il appartiendra, Sa Majeſté en attribuant, en tant que de beſoin, la connoiſſance auſdits Juges des Fermes, à l'exclusion de tous autres, sauf l'appel de leurs Jugemens à la Cour des Aydes.

Du 27 Juin 1744.

Décision du Conseil, qui confirme une Ordonnance de M. l'Intendant d'Orléans du 25 Janvier précédent, par laquelle un Inventaire fait par le Sieur Sonnier, Notaire à Orléans, a été déclaré nul, faute d'avoir été controllé dans la quinzaine de sa datte, & le Notaire condamné en deux cens livres d'amende, nonobstant qu'il eût soutenu qu'une seconde Vacation, indiquée & requise par les Parties intéressées pour ajouter quelques Effets à l'Inventaire & le clore ensuite, le mettoit à couvert de la nullité & de l'amende, sous prétexte de la datte de la derniere Vacation, au moyen de laquelle la quinzaine ne se trouvoit point expirée.

Nota. Le motif de cette Décision est, que le Conseil ayant senti que cette seconde Vacation n'a été indiquée, sans en fixer le jour, que pour mettre le Notaire à couvert de sa contravention, & que si les Notaires avoient cette faculté de suspendre la cloture des Inventaires sous des prétextes aussi frivoles, ils seroient les maîtres de ne les faire controller que quand ils le jugeroient à propos, ce qui pourroit être très-préjudiciable, non-seulement aux Parties, mais encore aux Droits des Fermes du Roi.

Du 27 Juin 1744.

Décision du Conseil, qui confirme une Ordonnance de M. l'Intendant d'Orléans du 5 Janvier précédent, par laquelle les nommés Jean-Roger de la Martiniere, Edme Gavard & Etienne Bottequin ont été condamnés à la restitution du Droit de Controlle d'un Marché sous Seing privé passé entre eux, & chacun en trois cens livres d'amende, pour avoir formé une demande en Justice sans avoir donné en tête de l'Exploit copie en entier ou par extrait dudit Marché.

Du 3 Juillet 1744.

* Arrest du Conseil, qui casse une Sentence de la Maîtrise Particuliere des Eaux & Forêts de Baugé du 19 Décembre 1743 : ordonne que l'Arrest du Conseil du 29 Janvier 1743 sera

sera exécuté ; & en conséquence, Sa Majesté maintient les Officiers de la Gruerie Royale de Beaufort dans le droit de tenir leurs Assises, tant pour les Maîtres Pêcheurs des trois Rivieres du Ressort de ladite Gruerie, que pour les Adjudicataires & autres qui seront tenus d'y comparoître : défend aux Officiers de ladite Maîtrise de Baugé de tenir à l'avenir leurs Assises dans l'étendue du Ressort de ladite Gruerie, & d'y faire d'autres Actes de Jurisdiction en premiere Instance, que ceux qui concernent les Visites dans les Forêts & Bois dépendans du Domaine de Beaufort, sous les peines portées par ledit Arrest du 29 Janvier 1743.

Du 3 Juillet 1744.

* Arrest contradictoire du Conseil, qui déboute les Gardes-Jurés & Maîtres des Corps & Métiers de la Ville d'Evreux, de l'appel par eux interjetté de deux Ordonnances de M. l'Intendant de la Généralité de Rouen des 4 Novembre 1742 & 9 Décembre 1743, par lesquels ils ont été condamnés au payement des trois ou quatre sols pour livre réservés de ceux attribués aux Offices de Receveurs des Epices & Vacations des Juges, ensemble aux Droits de Petit-Scel, & deux sols pour livre des Emolumens des Greffes sur les Actes & Expéditions de Lettres de Maîtrises, Jurandes & Brevets d'Aprentissages depuis 1722, nonobstant la prétendue fin de non-recevoir par eux opposée, sous prétexte de l'Article XXXIV. du Titre commun de l'Ordonnance des Fermes de 1681, lequel n'a point d'application aux Droits en question.

Du 7 Juillet 1744.

* Jugement de Nosseigneurs les Commissaires Généraux du Conseil, députés par Sa Majesté pour juger en dernier ressort les affaires concernant la discussion des Biens du Sieur Tremizard & Compagnie, portant défenses à toutes personnes, de quelque qualité & condition qu'elles soient, de prendre & enlever aucuns Fers, Mines, Charbons, & autres ustensiles dépendans des Forges de la Feüillade, Paysac & Choffaillon ; & à tous

Habitans Riverains desdites Forêts de la Feüillade, Bois de Forsat & Montal, Ruisseau de la Ville-Dieu, & Riviere de Vienne, & à tous autres de retenir, enlever, cacher ou receler aucuns des Bois de flottage & autres provenans de coupes desdites Forêts & Bois, à peine de mille livres d'amende, de tous dépens, dommages & intérêts, & de plus grande peine, s'il y échet.

Du 9 Juillet 1744.

* Arrest du Conseil, portant que les Commis & Préposés à la Régie des Biens des Religionnaires fugitifs, jouiront de l'Exemption du Logement des Gens de Guerre, ainsi qu'en jouissent les Employés aux Affaires de Sa Majesté, & défend aux Maires, Echevins & Officiers des Villes d'en donner aucuns chez lesdits Commis & Préposés.

Du 10 Juillet 1744.

* Arrest du Conseil, portant que tous Exploits de saisies, oppositions ou empêchemens à la délivrance & payement des sommes assignées & employées dans les Etats du Roi, expédiés pour la distribution des deniers des Fermes, remboursement des avances des Fermiers, & tous autres remboursemens de charges & dépenses concernant la Régie desdites Fermes, seront visés & paraphés sans frais par le Sieur Maiziere, Receveur Général desdites Fermes; & fait défenses à tous Huissiers & Sergens de mettre à exécution aucuns Arrests, Sentences, Exécutoires & Contraintes contre lesdits Fermiers & leurs Cautions, pour raison desdites Fermes, qu'après avoir remis & laissé pendant huitaine lesdits Exploits de Saisies, Oppositions, Arrêts, Sentences, Jugemens, & autres Piéces dont ils seront porteurs, ès mains dudit Sieur Maiziere ou ses successeurs, à peine de trois mille livres d'amende, & de tous dépens, dommages & intérêts.

Du 10 Juillet 1744.

* Arrest du Conseil, qui ordonne l'exécution des Articles

LVI. & LVII. de l'Edit du mois de Mars 1716, concernant les Amendes, Restitutions & Confiscations en matieres d'Eaux & Forêts, & défend aux Grands-Maîtres & aux Officiers des Maîtrises de décerner aucun Exécutoire sur le produit desdites Amendes, Restitutions & Confiscations, ni d'en faire aucune application.

Du 10 Juillet 1744.

* Arrest du Conseil, contre M. le Duc de la Valliere, Légataire universel de Madame la Princesse de Conty, qui juge que les Droits de Rachat seront payés lors des mutations de propriété des Domaines engagés à titre de propriété incommutable.

Du 10 Juillet 1744.

* Arrest du Conseil, qui condamne les Sieurs Thonon & Cazaubon, Greffiers du Parlement de Pau, à la restitution, solidairement avec les Parties, des Droits de Controlle & Insinuation qui auroient dû être payés sur différens Arrests rendus en forme d'expédient audit Parlement de Pau.

Les condamne en outre en deux cens livres d'amende pour chaque défaut de Controlle desdits Arrests, & en trois cens livres pour chaque défaut d'Insinuation.

Et par lequel il est aussi ordonné à tous Greffiers de faire controller & insinuer à leur diligence, dans la quinzaine de leurs dattes, tous les Arrests, Sentences & Jugemens rendus par forme d'expédient.

Du 16 Juillet 1744.

* Ordonnance de M. l'Intendant de la Généralité de Bourges, qui décharge les Directeurs & Commis aux Aydes de la Ville d'Issoudun de l'Imposition faite sur eux, pour réparation & construction du Pont de ladite Ville, conformément à la Décision de Monseigneur le Controlleur Général, du 7 Février 1744.

Du premier Aoust 1744.

* Décision du Conseil, qui déclare les Fermiers des Domai-

nes, Insinuations & Centiéme denier de l'Appanage de M. le Duc d'Orléans, mal fondés dans leur demande en restitution des trois quarts d'une somme de trois mille cinq cens soixante-six livres reçus par les Fermiers du Roi pour Droit de Centiéme denier, par eux reçu des Actionnaires & Intéressés au Canal de Briare, pour acquisition par eux faite des portions d'Intérêt qu'y avoit M. le Comte de Buron, & ce sous prétexte que le Canal prend son embouchure en Loire à Briare, & finit à la Riviere de Loing à Montargis, qui font parti de l'Appanage; sur quoi le Fermier des Domaines du Roi de la Généralité d'Orléans ayant justifié que le lit du Canal relevant, pour les cas Royaux, à la Justice de Gien, qui est du Domaine du Roi, le Droit en question lui a été adjugé en entier.

Du 7 Aoust 1744.

* Arrest du Conseil, qui déboute le Sieur Bernard de l'appel par lui interjetté de l'Ordonnance de M. de la Briffe, Intendant de la Généralité de Caën, du 17 Janvier 1744, par laquelle il a été condamné à payer le Droit de Treiziéme d'un Echange d'héritages fait par deux Contrats séparés du 8 Décembre 1726.

Du 14 Aoust 1744.

Arrest contradictoire du Conseil, concernant les Gages intermédiaires, qui déboute le Fermier de ses demandes, fins & conclusions, tendantes à jouir de la portion des Gages intermédiaires d'une Charge de Secretaire du Roi du Grand Collége, vendue par le Sieur Gerard Rameau au Sieur Marcellin-François-Zacharie de Selles fils, lequel s'en est depuis démis en faveur du Sieur Florent-Marcellin de Selles son pere, & ce à compter du 3 Mars 1741, lendemain de la datte de la Procuration *ad resignandum* du Sieur Rameau, en faveur du Sieur de Selles fils, jusques & compris le 9 Octobre de la même année, veille de la Reception dudit Sieur de Selles pere audit Office; & en conséquence, fait mainlevée à la Dame Dacurus, veuve dudit Sieur de Selles, des saisies desdits Gages, faites à la requête du Fermier entre les mains des Trésoriers-Payeurs des Gages des Secretaires du Roi.

Du 21 Aoust 1744.

* Arrest du Conseil, entre les Officiers en la Manufacture Royale des Glaces établie à Paris & à Saint Gobin, & les Entrepreneurs du Canal de Picardie, qui renvoye les Parties en la Grande Direction des Finances, sur la cassation d'un Arrest du Parlement du 29 Février 1744, par lequel les Intéressés en la Manufacture des Glaces ont été condamnés au payement des Droits de Péage du Canal de Picardie.

Du 23 Aoust 1744.

* Arrest du Conseil, qui ordonne que les Huissiers de l'Election & du Grenier à Sel de la Ville de Meaux, les Huissiers au Châtelet de Paris, & tous autres Huissiers & Sergens Royaux residans en ladite Ville, seront tenus de se trouver au mandement des Lieutenant Criminel & Procureur du Roi audit Bailliage, pour y faire le service nécessaire, aussi-tôt qu'ils y seront appellés, par rapport à l'instruction & au Jugement des Procès criminels qui sont pendans audit Bailliage.

Des 26 Aoust 1744 & 16 Janvier 1745.

* Sentences de la Chambre du Domaine & Trésor du Palais à Paris, confirmées par Arrest du Parlement du 26 Aoust 1748, qui, en exécution de l'Edit du mois de Décembre 1681, adjugent au Roi la Directe sur deux Maisons sises à Paris, l'une Rue & Porte Saint Victor, & l'autre Rue des Fossés Saint Bernard, comme étant lesdites Maisons bâties sur les terrains des anciens Fossés & Remparts de la Ville, nonobstant la prétention de M. l'Abbé de Saint Victor, qui soutenoit que lesdites Maisons étoient dans sa Directe.

Du 15 Septembre 1744.

* Arrest de la Chambre des Comptes, qui renouvelle les dispositions des Arrests du Conseil des 19 Janvier 1665 & 26 Juin

1688, & de celui de ladite Chambre du 5 Avril 1686, servans de Réglemens pour la Publication des Aveux & Dénombremens présentés par les Vassaux du Roi.

Du 19 Septembre 1744.

Décision du Conseil, qui condamne le Sieur Dupont, Secretaire du Roi, à payer le plus fort Droit de Controlle, qui est de deux cens quarante livres, y compris les quatre sols pour livre, pour raison d'une Transaction passée entre lui & le Chapitre de l'Eglise Cathédrale de Chartres, à l'occasion de Droits Seigneuriaux & Honorifiques, que les Parties avoient évalués à cinq cens livres par un renvoi mis après la redaction de l'Acte.

Du 19 Septembre 1744.

Décision du Conseil, qui autorise la suppression d'un Emploi de Vérificateur au Bureau du Controlle des Actes à Brou, Généralité d'Orléans, que le Controlleur de la même Ville avoit obtenu par faveur.

Du 19 Septembre 1744.

* Arrest du Conseil, qui commet M. l'Intendant de la Généralité d'Auch, Bearn & Navarre, pour instruire & juger en dernier ressort le Procès du nommé Biget, ci-devant Controlleur Ambulant de la Ferme des Domaines & Droits y joints aux Départemens d'Armagnac & de Bigorre, convaincu de plusieurs malversations, prévarications & soustractions de Droits.

Du 29 Septembre 1744.

* Jugement de la Commission du Conseil établie à Valence, qui condamne les nommés Claude & Pierre Bigeois, freres, & Jeanne Auvigne leur mere, ci-devant Concierges des Prisons Royales de la Ville de Dijon; sçavoir, ledit Claude à être blâmé de la négligence par lui apportée à la garde du nommé Nicolas Carrotte, dit le Frisé, qui s'évada desdites Prisons la nuit du 29

au 30 Janvier 1741, & en trois livres d'amende envers le Roi; & lesdits Pierre Bigeois & Jeanne Auvigne, à être admonestés pour le même fait; & en outre, à trois livres d'aumôme chacun envers les Pauvres de l'Hôpital dudit Dijon, & tous les trois en tous les dépens solidairement.

FIN.

www.ingramcontent.com/pod-product-compliance
Ingram Content Group UK Ltd.
Pitfield, Milton Keynes, MK11 3LW, UK
UKHW020549180726
13838UKWH00001B/129